祖父江典人
編

死　と

向き合う

心理臨床

日 本 評 論 社

序　論

「死の想念」から「死自体」へ
――心理臨床の直面する今日的課題

祖父江典人

1．はじめに

　本企画の発想の起点となったのは、リエゾン医療である。リエゾンにおいては、支援者と死にゆく人たちとの間で此岸と彼岸の溝が横たわる。此岸と彼岸をどのように止揚しながら、支援者は連携を保つのか、という問題意識から本企画のテーマは産声を上げた。

　リエゾン医療にみられるように、今日、心理臨床の守備範囲も広がった。従来の精神科医療のみならず、身体科医療・教育・福祉・産業等々、さらには対象クライエントも、発達障害・性的マイノリティ・自死遺族・孤独死の関係者など、その裾野を広げてきている。その結果、私たち心理臨床に携わる者は、従来の希死念慮（死の想念）や精神の荒廃（精神の死）ばかりでなく、病死、不慮の死、自死など、生命そのものの死に直面する機会も増えてきたのである。

　人と人とのつながりが希薄な現代においては、社会の表側で死を直視する機会は遠ざけられている。だが、社会の裏側で働く私たち臨床家や支援者は、実際の死に直面する機会が、これまで以上に増えてきているのだ。心理臨床に携わる者は、どのような覚悟をもって、死と向き合えばよいのだろうか。

　だが、このテーマは、私たち臨床家に限らず、現代社会全般に問われている問題でもあるのではないか。なぜなら、共同体や関係性が希薄な現代にお

いては、マルティン・ハイデガー[1]のいう非本来的な日常のなかで、死はますます異物として排除される。したがって、死について考えることは、人と人とのつながりや共同性についても考える機会になるのではないか。

本書は、こうした趣旨のもと、臨床現場の専門家のみならず、哲学、社会学、人類学、経済学の知見も借り、「死と向き合う心理臨床」を総合的に論考したい。それを通して、現代社会に向けて、死との向き合い方の問題提起も行いたいと考えるのである。

2．「死の想念」と心理臨床

（1）「死の想念」に関する社会的背景

従来、精神科医療を中心とした心理臨床の世界では、死は象徴的なものであった。なかには自死する痛ましい事例もあったが、ほとんどは、この世で生きていくことの生きがたさに見舞われた、希死念慮という想念としての死であった。

この世での生きがたさには、もちろん個々の事情が存するところだが、広く社会・時代的大局から見れば、哲学者や社会学者の指摘には一聴に値する価値がある。門外漢が素描するには、いささか気が引けるところだが、大雑把に見てみよう。

端的にいえば、18世紀に訪れた産業革命以降、ヨーロッパ社会においては、神や王権を信奉する精神的基盤を失っていった。なぜなら、経済がモノをいい、「金持ちが勝つ」という、今日の資本主義の流れにつながる社会情勢の変化がもたらされたからだ。その下剋上の先鞭が、フランス革命だろう。「自由、平等、博愛」の美名のもと、王の首は容赦なく刎ねられ、その後のナポレオン戦争によって、グローバル資本家であるロスチャイルド家が大儲けする、今日の資本主義の定型が形成された。

金がモノをいう世界の登場に対して、早くから哲学者や社会学者は警鐘を鳴らしていた。セーレン・キェルケゴール[2]は、産業革命以降の同時代人の「孤独」を「死に至る病」、すなわち「死の想念」として早くから激しく憂慮し

ていた。と同時に、彼は『現代の批判』[3]のなかで、大衆の身分が「水平化」することにより、無責任な傍観者になる、大衆の不作為の暴力について指摘している。この視点は、ホセ・オルテガ・イ・ガセット[4]の『大衆の反逆』に受け継がれたといってよいだろう。大衆が伝統的価値観を無化し、刹那的な現世的満足を得ることに走る暴力性の危険について警鐘を鳴らしているのだ。

こうした大衆化した無名の人々は、もはや伝統的価値感に縛られていない。それゆえに、自由といえば自由だが、根無し草といえば根無し草となる。そこには共同体や地域社会の下支えがないのである。そのデラシネ性が、自殺を準備する誘い水となる、と実証的に論証したのが、社会学者のエミール・デュルケームだ。

デュルケーム[5]は、「社会学者は、社会的事実にかんする形而上学的思弁に甘んじない」という信念のもと、ヨーロッパ各国・各地の自殺に関するデータを丹念に調べ上げ、いくつかの貴重な事実を突き止めた。すなわち、自殺数が多くなるのは、国でいえば、フランス、ドイツ、デンマークであり、イタリアが少ない。都会化された国ほど自殺が多いのだ。宗教でいえば、カトリックよりもプロテスタントにおいて、自殺数は多くなる。要は、都会化され、集団凝集性が低くなるほど自殺が多くなるということだ。逆にいえば、カトリックのような集団家族主義、イタリアのような家族・共同体の縁の強いところほど、個々人の孤立が少なく、自殺も少なくなる、ということである。都会化が進むと、個人が孤立し「自己本位型自殺」、すなわち、社会とのつながりを失って生きる気力まで萎えてしまう自殺が、自殺数の増加にもっとも大きく預かっているタイプの自殺だとデュルケームは締め括っている。

今から130年近くも前の19世紀末でさえ、近代化が招く、孤立化や自殺の増加が認められた。デュルケームの研究は、人間疎外に警鐘を鳴らした実存主義の懸念を、実証的に裏づけた論考といえるだろう。

それにしても、19世紀末においてさえ、近代化の副作用が人間疎外の産業社会として表れているとしたら、21世紀の今日においては、それはいかほどの増殖を招いていることだろうか。グローバル資本の大波による現代の格差社会が、デュルケームの時代よりもさらなる病弊を招いていることは、

論を俟たないだろう。

　さて、近代化による時代や社会の病を社会学者や哲学者の視点から素描してきたが、一方、こころの病の専門家たちはどのような見識を表明していたのだろうか。筆者の専門領域の狭い範囲内でしか振り返ることができないが、精神分析家たちの見解を顧みてみよう。

（２）「死の想念」に関する精神分析の見解
　精神分析の創始者ジークムント・フロイト[6]は、「エスあるところに自我あらしめよ」という有名な箴言とともに、近代的自我の確立を高らかに宣言したといってもよいだろう。フロイトは、こころの病理を解明する精神分析技法によって、無意識という「エスあるところ」に自我の支配権を確立し、自らの思考や責任のもとに、自立的・主体的に生きる人間像の実現を唱えたのである。これが、産業革命以降の西欧型個人主義の流れを汲んでいることはいうまでもない。

　フロイト以降、精神分析の主流は、自我を強化し、個としての強さを目指す方向に向かっていった。自我の強さによって、フロイトがいうところの「ありふれた不幸」、すなわち人生の生きがたさを克服しようというのである。とりわけアメリカの自我心理学やイギリスのクライン派に、この潮流は受け継がれたといってよいだろう。

　それに反して、フロイトから離反していった精神分析家たちは、フロイトの自我中心の考え方に対して異を唱えた。彼らが、自我強化の裏面に危険性を読み取っていたことは興味深い。

　まず、フロイトの水曜研究会の初期メンバーであったアルフレッド・アドラーは、「権力への意志」など、フロイトの性欲論に従属しない独自の理論を打ち立て、フロイトから離反していったが、他にもフロイトとは異なった興味深い見解を示している。すなわち、「共同体感覚」の重視である。

　「共同体感覚と呼ぶものは、個々の人間のあらゆる自然的な弱さを、真に、必ず補う」[7]

　アドラーは、個の強さの方向性に限界を見、仲間としての他者との共同性

のなかに、生きる力への活路を見出そうとした。それによって、孤独に伴って訪れる「自然的な弱さ」（死の想念）を補おうと考えたのだ。

その後、新フロイト派の領袖であるエーリッヒ・フロムが、アドラーと似た視点を提出している。すなわち、「個性化の過程の他の面は、孤独が増大していくことである」と。ここでフロムが「他の面」といっているのは、個性化によって自我が強化される反面で、それは孤独への道にもなりうるといった面を指している。なぜなら、個性化は、時に個人主義となり、他者とのつながりを希薄化させるからだ。さらには、その孤独が高じれば、個人は自由を手に入れたにもかかわらず、その自由のこころもとなさから逃避し、全体主義の権威的で画一的な安寧に飛びつき、ナチズムが生まれることにも通じる、と解析している。すなわち、ナチズムへの迎合も死の想念も、アドラーのいう、孤独からくる「自然的な弱さ」の裏表に過ぎない。

精神分析の王道から離れていった分析家たちが、共同性、すなわち今でいう関係性に着目していたのは興味深い。今日の関係性や愛着の希薄な社会状況を予見していたかのようだ。

今日、虐待後遺症や自閉スペクトラム症等の愛着障害と括られる人たちが、私たち臨床家の前に広く訪れるようになってきた。彼らは、まさにアドラーのいう「共同体感覚」を築けず、フロムのいう孤独の増大のなかで孤立化への道を一途に辿っていたりする。だが、それは、何も一部の特別な人たちに限らないことだろう。私たち現代人一般も、多かれ少なかれ、家族や共同体との絆を薄くし、パーソナルな空間のなかでの支えを失い、生きがたさを抱えている時代となったのではないか。

こうした社会や時代の変化は、今日の治療や援助現場にも大きな影を落としているのである。

3．医療・援助・教育現場の様変わり

（1）家族・共同体の弱化に伴う臨床・援助現場の職域の拡大

私たちの社会では、共同体や家族が担っていた役割が希薄化されるととも

序論「死の想念」から「死自体」へ　5

に、医療・教育・福祉・心理臨床などに、その役割が委ねられるようになってきている。その一方で、先に述べたように「共同体感覚」や「他者とのつながり」を紡ぐ力能の弱い現代人も多くなってきている。すなわち、社会の環境側の変化と個人の資質の変化が相俟って、今日の臨床・援助現場が様変わりしてきているのである。

　その口火となったのが、医療領域だろう。医療の進歩とともに、病気が治るか治らないかの、二者択一的な処置ではなくなり、治ったとはいえるものの、あとで障害や後遺症が残り、生活に不自由を来たす人たちが次第に増えてきたのだ。ここでは詳しく述べる余裕はないが、まずは医療に付随したかたちでリハビリテーションの領域が要請され、その後、福祉施策・施設の充実が唱えられた。それが、今日の介護医療・福祉全般の拡充につながり、さらには全人的医療の提唱にまで至っているといえるのだろう。

　これらは、病気や障害を抱えた人たちへの手立てとして、やむにやまれぬ必要性に迫られてのことであるが、従来は地域共同体や親族や家族の手に任されていた案件だっただろう。それが次第に、専門家の手に委ねられるような趨勢が強くなっていったのである。特に、今日の介護領域は、それを如実に物語っている。もはや認知症の増加は、ひとり家族の手に抱えられるものではなく、福祉ワーカーや専門施設の手を借りるほかなかったりする。もちろん、このことは家族が責められるべきことではなく、社会や時代の変化の必然があるのだ。

　さて、昨今、この変化の波は医療や援助現場に留まらず、教育の領域にまで押し寄せている。もはや教師が教科教育に当たっていれば、それで事足りるとされた時代は終わったのである。「見えない貧困」「養育環境の破綻（虐待）」「発達障害」等の増加が、それをもたらしたのだ。

（２）教育現場にまで及ぶ学外専門家の支援の手

　教育現場に教師以外の専門家が導入されたのは、スクールカウンセラーを嚆矢とするだろう。1995年のことである。この背景には、当初は、いじめの深刻化や不登校児童生徒の増加など、児童生徒のこころのありようにかか

わるさまざまな問題があり、学校におけるカウンセリング機能の充実を図るため、という目的が掲げられた。昨今では、これに発達特性を持つ児童生徒の増加が加えられるだろう。

　文部科学省が10年に１回行っている「通常の学級に在籍する（発達障害の可能性のある）特別な教育的支援を必要とする児童生徒に関する調査結果」[9]によると、発達障害の可能性のある児童生徒の割合が、2002年6.3％、2012年6.5％だったが、2022年には8.8％に増加している。40人学級だったとすると、１学級に４人弱ほど当該児童生徒が在籍していることになり、不注意・多動・こだわり・対人関係の問題等に、担任教員１人では対応しきれない。したがって、スクールカウンセラーのみならず、補助の教育支援員のサポートが必要になってきているのが現状だ。

　さらに、2014年には、学校現場にスクールカウンセラー以外の専門家の導入の構想が持ち上がった。教育再生実行会議が提言した「チーム学校」である。

　「チーム学校」では、貧困家庭や虐待家庭の増加に伴い、社会資源や制度の活用を図る福祉の専門家として、スクールソーシャルワーカーが導入された。ほかにも、スクールポリスが学校のいじめや犯罪を予防したり、場合によっては各自治体採用のスクールアドバイザーが教職員のコンサルテーションに携わったりもしている。

　もはや教育現場のなかに、社会や家庭が入り込んでいるのである。教育現場が、教育だけに特化した場所ではなくなってきているのだ。医療や福祉のみならず、教育の域にまで、従来は、地域共同体や家庭が負っていた役割を専門家が担う時代が到来したのだ。

　こうした専門家には、医療関係や福祉関係などのさまざまな専門家がいるわけだが、とりわけ心理臨床の専門家に課せられる任は幅広い。なぜなら、心理臨床は、精神科医療のみならず身体科医療・福祉・教育・産業等々、領域横断的に、大なり小なり関与する職種だからである。

４．死と向き合う心理臨床

（１）「死の想念」から「死自体」との遭遇へ

　従来、心理臨床は、精神科医療が中心であり、そのなかで患者の「死の想念」からの回復のために、心理療法や心理テストなどが活用されてきた。しかし、今日、身体科医療にも携わり、リエゾン・緩和ケア・移植等にて死自体にかかわる機会も増えてきた。さらには、福祉・教育・産業、自死遺族、死に遭遇した支援者への支援など、職域の広がりは、「死の想念」から「死自体」との邂逅に相まみえる機会を大幅に増やしたのである。

　そのなかで、家族や共同体の支える機能の地盤が沈下し、心理職は地縁・血縁の代役を果たすかの如く、移植における死からの生還を果たそうとする人、あるいは緩和ケアにおける死のプロセスを歩む人、あるいはグリーフ・ワークをする援助者への支援など、死にかかわる機会が増えている。

　だが、従来、心理職が身体的事実としての「死」と向き合う経験は、意外に少ないのである。では、臨床・援助現場のこの新たな動向に対して、心理職は専門家として、どのように向き合ったらよいのだろうか。

（２）臨床・援助現場における画一的な寄り添い論

　昨今、医療・援助・教育現場を問わず、医療・援助者の「寄り添い」の重要性が唱えられることが増えてきた。ひところの共感よりもその頻度は高くなってきたのではないか。共感になりかわって、寄り添いが支援における絶対項の頂に、座を占めてきたような印象ですらある。

　寄り添いが、援助の基本の姿勢として、すなわち、あらかじめの心がけとして定位されることに異論はない。だが、果たして、私たちは本当に誰かれなく寄り添えるような慈悲深いこころを持ち得るのだろうか。

　たとえば、現場ではこんな情景をたまに耳にする。身体科医療や援助現場などによくあることとして、患者や利用者が病気や自死で亡くなったあとに、医療職や援助職のグリーフ・ワークが行われることがある。対象者の看取り

にかかわったスタッフの感情を振り返る場が持たれるのだ。もちろん、スタッフにとって、かかわった対象者が亡くなってしまうのは、つらいできごとである。そのつらさを共有する場を仲間のスタッフとともに持てるというのは得がたい。その安全な空間のなかで、スタッフは正直な気持ちを語ることができるなら、亡くなった方への弔いのみならず、次の支援への力ともなろう。

　だが、昨今、そうしたグリーフ・ワークの場でさえ、「寄り添うことありき」の先入観が強権を振るい、あたかも寄り添えなかったことを悔い改めるような、自己批判の場とされる事態が生じていたりする。そのような場で、まさか「寄り添う気になれなかった」などの正直な気持ちを援助者が吐露することは許されようがない。正直な気持ちを語れない場が、果たしてグリーフ・ワークの名に値するのだろうか。

　実際のところ、医療者・援助者が対象者に共感したり寄り添う気持ちになれなかったりすることは、さほど珍しいことではない。自然に寄り添う気持ちになれる対象者もいれば、なかなかそんな気にはなれない対象者もいる。なぜなら、それが人間関係というものだからだ。医療や援助も人間関係のひとつの専門的なあり方に過ぎない。

　もちろん、寄り添う気になりやすい対象者に対しては、援助的かかわりも自然にうまく進みやすい。だが、寄り添う気になれない対象者に対しては、そうはいかない。そこには、対象者の性格、医療・援助者側の性格、お互いの相性、職場環境など、さまざまな要因が重なり合い、「寄り添えない」という関係性が生じたりする。

　だが、専門家である以上、単に「寄り添えない」で終わらせるところでもない。専門家には、なぜ寄り添えないのか、寄り添う気になれないのか、自らのこころや対象者との関係を深掘りし、寄り添う気になれないこころの奥の、こころの事実に向き合い、よくよく理解していく内的作業が必要となる。それが、医療・援助者自らの限界や可能性をわきまえることにつながり、今ここでの援助に活かせることにもなりうるのだ。そのためには、まずは「寄り添えない」というこころの事実をしっかりと受け止め、グリーフ・ワークの場でなら、その事実をしっかりと表明できるという器が必要なのである。

序論「死の想念」から「死自体」へ　9

そこを足場に、自らのこころを振り返り、考察を深める必要があるのだ。このあたりの事情は、別に筆者らが編纂したことがあるので参照いただきたい。

　医療者・援助者は、何でも寄り添えるような万能の救い手ではない。むしろそのお仕着せのイメージに当てはまろうとすること自体が、薄っぺらで上っ面の「寄り添い」を装っているだけの所業になりかねないのだ。私たちが専門家を名乗る以上、「寄り添えないこと」からも貪欲に学び、自らをわきまえた、真実味のある援助を目指す必要があるのだろう。

（３）薄っぺらな時代における「死自体」との向き合い方

　だが、昨今の心理臨床の世界も、威張れたものではない。ご多分に漏れず、薄っぺら化しているのだ。特に精神科医療における心理臨床において、その傾向は顕著だ。精神科医療では、カウンセリングや心理療法の面接時間枠が、30分枠になったり、回数が制限されたりすることも増えてきた。たとえば、15回で終了とか、１年以内で終了などである。

　もちろん、現実適応を目指すために、考え方や行動の修正を目的とする短期心理療法なら、それでよいかもしれない。問題は、こころの成長を目指すような、内省力や情動的自己の育みを本来旨とする、長期でしか果たし得ないような心理療法においてさえ、時間や回数を制限されることである。それはいったい何を考えてのことか。人のこころの成長が、そんなに短期でかなうものではないことは、いうまでもないだろう。だが、昨今の医療における効率化の波は、心理臨床の世界にも確実に押し寄せているのだ。

　だが、このことは、現代社会の病理の縮図でもある。表では、「こころの時代」「寄り添い」、さらに視点を広げれば、「多様性の時代」「SDGs」「ポリコレ」「ファクトチェック」「LGBT理解推進」などのきれいごとが声高に叫ばれ、裏では、児童虐待やいじめの増加、格差社会の増大、「今だけ金だけ自分だけ」の「三だけ主義」など、社会全体が裏表の激しい詐欺師の相貌を帯びてきているかの如くだ。裏で進行する病理の深刻さに比し、表で掲げられているお題目が、とかく薄っぺらいのである。

　奇しくも、冒頭に述べた哲学者、社会学者、精神分析家などの予見した通

りの時代が到来したように思われる。すなわち、人間疎外が裏で進行する一方で、フロムのいうナチズムとまではいわないまでも、きれいごとを唱えたイデオロギーへの社会全体の安易な肩入れが起こっているのである。多様性の時代とは名ばかりで、旧TwitterやYouTubeなどで、ファクトチェックの名のもと、プラットフォームの管理者の気に入らないコンテンツが即座にバンされる言論統制が行われていた／いるのは、周知の事実だろう。

このような時代潮流のなか、地域社会や家族の援助機能の地盤沈下がさらに進み、心理臨床にまでその援助のお役がますます回ってきた感は否めない。今日的なそのトピックの１つが、いかに「死自体」と向き合うか、である。

私たちは、この薄っぺらくも欺瞞的な社会において、死と真摯に向き合うことは可能なのだろうか、あるいは、真摯に向き合うというテーマ設定自体が、欺瞞的な薄っぺらさを物語ってしまうのだろうか。

（４）死と向き合う心理臨床

実のところ、筆者自身は、「死の想念」と向き合ってきた臨床家であり、「死自体」と向き合った援助の経験はないに等しい。なので、その実際に関しては、そうした経験を現在進行形で日々重ねている、現場の臨床家に論考を委ねるほかない。

ところで、「死の想念」と向き合ってきた臨床家からすると、「死自体」に向き合う支援に関して、おおいに戸惑いを感じさせられることがある。前者の場合は、あくまでも此岸での支援である。それに比し、後者は彼岸に旅立とうとする人、あるいはすでに旅立ってしまった人にまつわる支援であることである。そこには、彼岸と此岸の大きな溝が横たわっているように見える。

たとえば、リエゾン領域で、終末期医療にかかわる支援者と患者との間では、その溝によって、場合によっては、お互いがお互いにとって、エマニュエル・レヴィナスのいう、絶対的「他者」となりうる。あるいは、ドナルド・ウィニコットの概念に倣えば、出生におけるような此岸と彼岸との「原初的分離」がそこに存するといってもよいだろう。「死の想念」とは違い「死自体」には、より大きな溝や懸隔が訪れる契機となりうるのではないか。

今日のコンビーニエントでいささか欺瞞的な時代潮流を受けながら、心理臨床において、どのような死との向き合い方が可能になるのだろうか。その種々さまざまが、本書では論考されることになるだろう。

5．おわりに

序論としては、いささか風呂敷を広げすぎたような論になってしまった。筆者の手には余るものがある。それだけ、本テーマの持つ射程は、広くかつ深いのかもしれない。読者諸兄のご指摘・ご批判を仰ぎたい。

参考文献

（1）マルティン・ハイデッガー（細谷貞雄訳）『存在と時間上・下』ちくま学芸文庫、1994年

（2）キェルケゴール（斎藤信治訳）『死に至る病』岩波文庫、2010年

（3）キルケゴール（桝田啓三郎訳）『現代の批判』岩波文庫、1981年

（4）オルテガ・イ・ガセット（神吉敬三訳）『大衆の反逆』ちくま学芸文庫、1995年

（5）デュルケーム（宮島喬訳）『自殺論』中公文庫、1985年

（6）ジークムント・フロイト（小此木啓吾訳）「自我とエス」井村恒郎、小此木啓吾、佐々木雄二訳『フロイト著作集第6巻 新装版』人文書院、2023年

（7）アルフレッド・アドラー（岸見一郎訳）『人はなぜ神経症になるのか 新装版』星雲社、2020年

（8）エーリッヒ・フロム（日高六郎訳）『自由からの逃走 新版』東京創元社、2004年

（9）文部科学省「通常の学級に在籍する特別な教育的支援を必要とする児童生徒に関する調査結果について」2022年（https://www.mext.go.jp/content/20230524-mext-tokubetu01-000026255_01.pdf）

（10）祖父江典人、細澤仁編著『寄り添うことのむずかしさ―こころの援助と「共感」の壁』木立の文庫、2023年

（11）エマニュエル・レヴィナス（藤岡俊博訳）『全体性と無限』講談社学術文庫、2020年

（12）Winnicott, D.W.: The mentally ill in your caseload (1963). In: *The maturational processes and the facilitating environment: studies in the theory of emotional development*. Hogarth Press, 1965.

死と向き合う心理臨床

目　次

序　論

「死の想念」から「死自体」へ 1
──心理臨床の直面する今日的課題

祖父江典人

1．はじめに　1
2．「死の想念」と心理臨床　2
3．医療・援助・教育現場の様変わり　5
4．死と向き合う心理臨床　8
5．おわりに　12

第Ⅰ部
死と向き合う現場から

第 1 章

がん医療のそのなかで 20
──私の日常は、常に人の死が付きまとう

近藤麻衣

1．はじめに　20
2．臨床ビネット　21
3．おわりに　28

第 2 章

移植における生と死 30

岸　辰一

1．はじめに　30
2．移植についての概論　31
3．症例提示　31
4．面接経過　32
5．症例を通して考えたこと　38
6．おわりに　40

第3章

産科における子どもの死 42
——新米の薄っぺら心理士、死と出会う

福嶋　梓

1．はじめに——「出産は奇跡」……なの？　42
2．新米の薄っぺら心理士、死と出会う　43
3．結局、薄っぺらな心理士は、死とどう向き合えばいいの？　50
4．おわりに　51

第4章

精神科臨床における自殺 53

木村宏之

1．はじめに　53
2．精神科医になるまで　54
3．精神科臨床における自殺　57
4．おわりに　66

第5章

自死遺族のこころを支える 68

堀川聡司

1．はじめに　68
2．死の人称性　69
3．出会い　70
4．自死遺族のこころ　74
5．その後　76
6．喪失をこころに収める　78
7．おわりに　79

第6章
自死案件を体験した学校の動揺と立ち直り 81

志水佑后

1．はじめに　81
2．学校の動揺　82
3．目に見えない教師の苦悩　83
4．学校現場の実情　84
5．リスク回避の風潮と学校現場の課題　86
6．「こころの居場所」を築くためにできること　87
7．生徒の動揺とその対応　89
8．近年みられる若者の問題　91
9．おわりに　92

第7章
クィアと死 94
──二重の生の否定とレズビアン・ファルスの臨床的応用

日野　映

1．はじめに　94
2．死とジェンダー・セクシュアリティ　95
3．フロイトの遺したクィアの余白　97
4．Aさんとの事例　98
5．「同性愛タブー」と「二重の生の否定」　102
6．レズビアン・ファルスとしてのBL漫画　104
7．おわりに　105

第8章
福祉現場で死に直面する支援者の支援 108

浜内彩乃

1．はじめに　108
2．予期されている死と予期されていない死　109
3．職員のメンタルヘルスケア　111
4．バイジーの体験　112
5．悲嘆反応とトラウマ　115
6．トラウマからの回復　117
7．おわりに　118

第 II 部
実践を支えるための専門知

第 9 章
生のなかの死、死のなかの生 122
──現象学から見た死

村上靖彦

　1．死のなかの生　122
　2．死にあたって生を刻み込む　125
　3．死へと直面する患者の事例　127

第 10 章
死と夢──ユング派心理臨床 135

清水亜紀子

　1．はじめに　135
　2．事例概要　136
　3．面接過程　136
　4．考　察　143

第 11 章
死と精神分析──『快感原則の彼岸』をめぐって 149

細澤　仁

　1．はじめに　149
　2．『快感原則の彼岸』の要約　150
　3．「死の欲動」の反響　160
　4．「死の欲動」をめぐる個人的見解　163
　5．睡眠と死、そして夢──退行をめぐって　165
　6．おわりに──フロイトとショーペンハウアー　166

第12章
「豊かな死」の経済思想——ケアと福祉国家 170

江里口拓

1．マシュマロ・テスト——フィッシャーと時間選好 170
2．死への恐怖と生存権——ベンサムの功利主義 172
3．現世を豊かに生きる——ライフサイクル仮説 174
4．自己実現とケア——マズローとメイヤロフ 177
5．ケアの経済的本質——ラスキンとシュンペーター 180
6．豊かな死——塩野谷の福祉国家の哲学 184

第13章
孤独死と死の社会学 188

松宮　朝

1．孤独な死と死の社会学 188
2．ある孤独死のケースから 190
3．孤独死という問題 193
4．孤独死対策とその問題 195
5．孤独死に対するもうひとつの「社会モデル」 197
6．死の社会学から生の社会学へ 199

第14章
死をおくる——人類学的な、あるいは人間学的なもの想い 202

筒井亮太

1．記号化された「死」 202
2．儀礼と死 204
3．病気と死 207
4．現代の「死」の観念 210
5．おわりに 211

おわりに——死と生と不条理 215

祖父江典人

執筆者一覧 222

18　目　次

第 I 部
死と向き合う現場から

がん　移植　産科　自殺
自死遺族　学校　クィア　支援者支援

第 1 章
がん医療のそのなかで
──私の日常は、常に人の死が付きまとう

近藤麻衣

1．はじめに

　死と向き合うことは、生きることについて考えること。

　がんは２人に１人がかかる時代になったといわれている[1]。私の祖父も祖母もがんで亡くなった。友だちもがんで亡くしている。決して他人事ではない病気だと思う。

　みなさんは、"がん"と聞いてどのようなイメージを浮かべるでしょうか。

　私は、がんと診断されたあとの患者さん・ご家族と会う機会が多い仕事をしている。誰もが昨日まで、「まさか自分ががんになるなんて」思ってもみない。誰もが自分が死ぬことを忘れて生きている。そんな日常に突如「がん＝死」が入り込んでくる。すると、これまで当たり前に続いていくと思っていた日常が突然なくなる。これまであった"はず"の日常がなくなった、と患者さんから聞いたことがある。そういう感覚になりながらも、生きていくことを余儀なくされる。

　どうだろう。これは、がんに限らない。突然、仕事中に怪我をして、ドクターヘリで運ばれてくることもある。指が細断された場面を覚えていたりもする。どのような病気や怪我であったとしても、あったはずの日常が奪われることはあるのではないか。

私は、そんな臨床現場で毎日生きている。時々、自分がわからなくなりながらも生きている。そんな臨床現場のなかでどう生きていったらいいのだろうか……。

　本章では、そんな臨床現場で生きる私の、さまざまな患者さんとの出会いを通して、死と向き合うことについて振り返ってみたい。なお、提示する事例は経験した事例をもとに創作した仮想事例である。

２．臨床ビネット

25歳の私と患者さん、ご家族

　今でもこの状況を鮮明に覚えている。私の日常は、常に人の死が付きまとう。

　私がこの道に進んだのもずっと心に気にかかっていたことがあったからかもしれない。

　今よりももっと若くて臨床の"り"の字もよくわかっていなかったときのこと。ある親子を担当することになった。よりよく生きるために行った手術後、私はまさかお子さんが亡くなるなんて思わなかった。

　そのときの私はわけもわからず、とにかく付き添いをしていた母に毎週会いに行くことを続けた。

　でも、現実は変わらない。亡くなるときが近づいたときの小さいお子さんの下血している姿。何度足を運んで、母の話を聞いたとて、現実は変わらない。お子さんは下血している。

　ある日、病棟から私に連絡が入った。嫌な予感がした。私はすべてを悟った。急いで病棟へ向かった。

　こんなに小さい子が、大きな手術を乗り越えたのに。こんなことがあるのか。初めてエンゼルケアとお見送りまで一緒に立ち会わせていただいた。ご家族の前なのに涙が溢れそうになった。今でもその状況を鮮明に覚えている。

第1章　がん医療のそのなかで　21

あのときの私はとにかく無我夢中だった。私よりも目の前の患者さん、ご家族のほうがつらいのだから、私が現実から目を背けるわけにはいかない、そんな気持ちになっていたような気がする。

　今でもこの状況を鮮明に覚えている。もちろん、心理師的なアセスメントをしていたつもりではあったが、私は何をしているのか、私は何をしてきたのか、なんのために自分がその場で生きているのかわからない。そんな体験をした。
　その後、自分はどうしたらよかったのか、と思い悩みながらも、精神科医療への道に進み、リエゾン現場から離れた。
　しかし、その数年後、引き寄せられるかのように、私は人の死と向き合うがん医療の現場に入ることになった。
　私の日常は、常に人の死が付きまとう。

27歳の私と患者さん

　抗がん剤治療で見た目の変化が起きるため、「子どもに説明しないと怖がらせてしまうのではないか」「大人でもこんなに怖い思いをするのに、子どもは耐えられるのか、余計な心配をかけてしまうのではないか」と話されていた患者さんがいた。
　心理師として、診断後の衝撃がたいへん強いのだと考えた。お子さんにどう話すかの前に、ご自身の思いを整理しなければ。そのため、定期的な面談の機会を設けることにした。
　ところが、がんの診断からあれよあれよという間に病状が進行し、身体の変化が顕著となった。私は自分の時間軸が歪んだかのように感じた。

　ちょっと待って、早すぎる。待ってほしい。
　それでも腫瘍の進行は待ってくれない。身体の苦痛が強く、とてもじゃないが、お子さんに病気のことを伝える余裕もなく、すぐに亡くなってしまった。
　「もっと何か……早くからできることはなかったかな……」と近くにいた

22　第Ⅰ部　死と向き合う現場から

看護師さんが呟いた。

今でもその状況を鮮明に覚えている。

私の胸にグサリと刺さった。

何よりも私自身が一番思っていたことだったから。子どもへの説明に関する話題は、次の段階だろうと思っていた。

でも、こんなことになるなら……。

本当にこれでよかったのか……という気持ち。

やっぱり私は何もできなかった。私がこれまで学んできたことは、身体の病気と向き合っている患者さんを前にすると、全然役に立っていない気がする……と無力感に苛まれていた。その後、私はがんの親を持つ子どものケアに関する研修会に足を運び、テキストや資料を熟読した。自分にできることを探すかのように。

そう。この頃の私はとにかく患者さんやスタッフなど、自分の目の前にいる人の役に立たなければいけない、という思いにがんじがらめになっていたのだった。

"あるべき星人"が顔を出す。

28歳の私と患者さん、ご家族

"患者はこのまま生きられないかもしれない"という現実に直面し、他の家族はどう思うのだろうか。家族ケアとして面談していると、いろいろな家族のありようがあると改めて思う。

先のことを考えて不安でいっぱいになる人、なんと声をかけたらいいのかわからず悩む人、居ても立ってもいられない人、何かできることはないかとネットで調べて知識を得ようとする人、患者さんにずっと思っていたけど言えなかった葛藤が沸き起こってくる人など。

家族は第二の患者ともいわれている。がんと聞いて、患者さんだけでなく、ご家族もいろいろな思いを抱き、気持ちが揺れ動く。

パートナーががんと診断されて、抑うつ状態になっていた夫だった。

「やる気がない。何もしたくない。夜も眠れない。食欲なんて出るわけない。苦しい」と、夫は話された。

DSM-5のうつ病の診断基準にも当てはまりそうであったため、私は精神科受診を勧めたが、受診にはつながらなかった。それでも夫は、パートナーのお見舞いに来院され、そのたびに面談にも来られた。

私は夫にお声かけし、面談の機会を作った。夫の困りごとを伺うと、彼自身もご自宅ではほぼ引きこもっており、とても心配な状態だった。そこで、また私から精神科受診することを勧めるが、「他の家族からは精神科受診は大袈裟ではないか。家族が病気なんだから、こうなるのも仕方ないのでは？という話になっており、私が見守るので大丈夫」と精神科受診にはつながらなかった。

私は、面談を重ねるごとに明らかに夫の精神症状が悪化しているようにしか見えなかった。ここからパートナーの病状がよくなることは見込めず、悪くなる一方であることを考えると、夫の精神症状のさらなる悪化が懸念された。精神科に勤務していた経験から、この症状は薬物療法によって、改善が見込めるのでは？　という見立てのもと、精神科受診を提案していた。しかし、夫もパートナーも希望されなかった。私は見守るしかなかった。

そのうちに、パートナーの身体症状の悪化があり、非常に厳しい状態であることが夫に伝えられた。

すると突然、夫に異変が。

面会に来られた夫が「点滴に毒物を入れられているので点滴をやめてほしい」と必死でスタッフに訴えていた。夫の面談を継続的に行っていた私も病棟に呼ばれた。

患者さんだけでなく、支える家族も"死"を近くに感じると壊れそうになる方がいる。死は、これまでの日常やその人のあり方をも破壊する。死は、私たちの日常からかけ離れたところにあるはずだった。でもそれは、ある日突然、目の前にやってくる。

29歳の私と患者さん

単身独居の女性の患者さん。抗がん剤治療を行うが、がんは手強く、なかなか厳しい状況だった。

「心細い。誰かに触れていてほしい。さすってほしい。そうすると落ち着く。自分の後ろのはしごがどんどんなくなっていると感じる。これからどうなるんだろう……」

私が胃のあたりに手を置くとその上に自分の両手を当てており、私は強い違和感を抱いた。

その後、身体症状が増悪。単身独居の方であったが、今後の療養を考えるうえで、ご家族に連絡を取る必要があった。しかし、ご本人はこれまでの関係性から拒否。そして、次第に「自分がどこを向いてどう起きているのかがわからない」「点滴が上から下に落ちるのが、たまに下から上、横向きになったりもする……怖い」と、せん妄が出現。

何もできず、途方にくれてしまう気持ちになった。

心理療法の過程であれば、いきなりこころの課題に直面化させると治療抵抗が起きるため、安全に課題に取り組めるようにアセスメントし、経過中にマネージメントを行う。心理師との関係性が支えになることもある。しかし、死が近づくと、これまで先延ばししてきたこころの課題が半ば強制的に一気に押し寄せることが多く、せん妄のようにこころを破綻させることもある。

今でもこの状況を鮮明に覚えている。

30歳の私と患者さん

死と向き合うことは、自分の生き様と向き合うこと、そういうことを教えてくださった方もいた。

20代男性。もともと人とかかわることは苦手だったらしい。理由を聞くと、自分には自分のペースがあり、そのペースが保てなくなるとしんどいからだそうだ。

そんななか、血液のがんでクリーンルームに入室しての治療となり、一時的に行動が制御されることとなった。

　突如、「もう無理、退院させてください。治療して治ったとしても、その前に自分が自分でなくなりそうです」。

　治療はきちんと受けるべきなのか、自分の生きたいように生きるのがよいのか、治療を受けなかった場合の不利益についても、本人、家族と検討が重ねられた。このままでは再発は免れず、医療としては治療すべきと。院内のさまざまなチームとの話し合いも重ねられた。

　結局、外来定期受診をすることで合意が得られて、退院することになった。

　治療をする／しないだけでなく、どのような価値観を大切にしているのかと想像しながら彼のお話を聞き、もう少し具体的に教えてと尋ねると、「死ぬのも再発も怖い。これからどうなるかわからないけど、入院していてもご飯が美味しく感じられないし、何をしていてもつらいことばかり。このまま入院して治療していても、自分が自分でいられなくなる。自分は死ぬまでにまだやりたいことがある。家に帰らせてほしい」と話された。

　医療者とのインフォームドコンセントの場で「僕だって再発が怖い！　でも……！　自分の食べたいものを食べたいように美味しく食べる、友だちと遊びたいときに遊ぶ。そういう時間の使い方をしたい」と力強く発言していた。圧倒された私がいた。

31歳の私と患者さん、ご家族

　ある30代の女性の患者さん。診断後から長期にわたり治療が必要となる頑固ながんで、転移の制御が難しい状況だった。ずっと「子どもたちのことが気がかり」と、私は数年にわたり彼女からお話を伺っていた。

　「うちの子は2人とも手がかかる子。正直、私はこれからどうなるかわからない。夫と仲良く一緒に生きていけるかな……（流涙）」

　このお話を聞いた数日後、状態悪化のため緊急入院。

　私が次にお会いしたときには挿管管理されており、そこから意識が回復す

ることはなかった。

　面会に来られた旦那さんは「子どものこと……どうしたらよいのか……」
と何度も首を垂れていた。
　まずは、旦那さんの気持ちや気がかりを伺った。そしてご本人から聞いて
いたお子さんのことをお伝えした。
　私は、心理師としてご本人との面談でのお話をどこまでご家族に開示する
か、毎回悩む。だけど、ここまでご本人と面談してきたのは私でもあり、今
伝えないでいつ伝えるのか。ご本人がお話ししてくださったことを私がご家
族に橋渡しするしかない、という使命感に駆られていた。
　やっと面会に来られたお子さんは「やだ！　ねえ！　怖い！　やだ！　怖
い‼」と言って泣き出して部屋を出ていってしまった。日常とはかけ離れた
病棟の個室。モニターの音もたびたび鳴っている。大人たちもみんな泣いて
いる。子どもたちにとって、ここは異様な非日常空間。異様な空気感に恐怖
を感じるのも当然だろう。
　その後、ご家族に見守られながら、息を引き取られた。

　ずっと使命感に駆られていた私は、最後のお見送りの際に、お子さんのと
ころに真っ先に向かった。
　「私は、お母さんからずっとあなたたちのことを伺ってきました。病院で
過ごしたお母さんの状況を聞きたい、お母さんのことを話したいと思ったと
きには、連絡してください」と伝えると、目に涙を浮かべながら頷き、感謝
の言葉とともにお返事してくださった。
　「もっと、何か、早くできることありましたかね……」とそばにいた看護
師さんが呟いた。私は以前にも似たような状況があったなと思いながら、
「どうでしょうね」と天を仰いだ。

　この患者さんは、ずっとお子さんのことを話題にはしていたが、この先の
療養やどのような最期を希望するかについてなど、ご自身のことに関する話

第1章　がん医療のそのなかで　27

題は全く挙がらなかった。

　何度でも話し合う機会はあったかもしれない。しっかりとアドバンス・ケア・プランニングを行うべきだった？　と、"あるべき星人"が顔を出す。

　それでも話題にのぼらなかった。理由はわからない。今回は話し合うことはなかったのだ。ただただ、そういう機会がなかったのだ。

　その日の帰り道、突然、私の身体は震えが止まらなくなり、目の前が歪んだ。途中、顔を拭うが大粒の雨は止まない。大粒の涙が溢れてきたからだった。私はそのまま前に歩き続けた。帰り道は、あまり人通りがなかった。田舎でよかったと思った。

３．おわりに

　32歳の私と死と向き合うこと
　私の日常は、常に人の死が付きまとう。
　私にとって死と向き合うことは、生きることについて考えることであり、私自身と向き合うこと。
　患者さんからすると何をわかったような気になって！　と大きな隔たりがあるかもしれない。が、今の私は、患者さんとの間に大きな隔たりは感じず、私よりも早く先に旅立たれた方だと思う。コロナ禍を経験したからか、私も明日どうなるかわからない毎日を生きていると思うから。
　私にも「いつか」があるのかわからない。だから、「今」に目を向けて、今やろうと思うことができたらと思う。

　世の中は、「こうあるべき」という価値観で溢れている。そこを抜け出すことはなかなか難しいとも思う。あるべき星人が時々肩に乗ってきては、私に囁いてくる。
　でも、かかわる側の「こうしたほうがよい」とか「こうあるべき」という世界観は、死を前にした患者さんやご家族をときに苦しめることもあるので

はないか、見えている主観的世界が違うのだから、それぞれの思う常識も違うのではないかと思う。

　今回は割愛した部分が多いが、日々患者さん一人に対して多くのスタッフがかかわっている。

　そんな、いろーーーーーーーんな価値観と役割が私の身体に入り込み、時々私は今何をどうしたらよいのかわからなくなるときもある。自分で考えたり、カンファレンスや事例検討で私の話を聞いてもらうなどして、いったん落ち着いて整理し、今の自分にとって心地よいことをすることにしている。お茶を飲んだり、アロマを焚いたり、海を見に行ったり、五感を癒すことが最高！

　そして、また他人の人生を聞き、時々"自分"を思い出しながら、仕事に励む。その繰り返し。今の私はそうやって時間を使っている。

　人生は4000週間[2]。その時間の使い方はそれぞれ。時間の使い方にその人それぞれの生き様が濃縮されているような感じがする。

　私の日常は、常に人の死が付きまとう。

　年齢と経験を重ねることで、がんとともに生きることや、死と向き合うことで、考えること感じることが変化している自分に気がつく。

　よくよく考えると、日常に人の死がつきまとうのは当然のことじゃないか。人は生まれたら死に向かって生きていくしかないもの。

　今の私は、そんなふうに生きている。

参考文献

　（1）がん情報サービス「最新がん統計」国立研究開発法人国立がん研究センター、2024年（https://ganjoho.jp/reg_stat/statistics/stat/summary.html）

　（2）オリバー・バークマン（高橋璃子訳）『限りある時間の使い方』かんき出版、2022年

第 2 章
移植における生と死

岸　辰一

1．はじめに

　筆者は大学院修了後、大学病院に就職し、精神科リエゾンチームの専任心理士として患者や家族の心理社会的サポートを実践してきた。精神科リエゾンの対象領域は多岐にわたるが、生体肝移植をはじめとする移植領域および白血病などのがん領域に携わることが多かったように思う。

　近年、医療の目覚ましい発展とともに、病気になっても闘病を経て寛解し、退院、そして再び社会生活に戻っていける患者が増えてきた。しかし、悲しいことではあるが、治療がうまくいかず亡くなってしまう患者も一定数存在する。担当患者が亡くなる経験は心理士にさまざまな感情を生じさせる。

　たとえば、かかわっていた患者がもうこの世に存在しないという悲しみはもちろん、終末期に患者の身体的苦痛の強さを目の当たりにしていた場合"何もできない"という無力感は起こりやすいだろう。加えて、闘病にて苦しそうな患者の姿を見ていたからこそ"これ以上苦しむ必要はなくなった"という意味で正直ほっとするような気持ちになることさえある。病院臨床で活動する心理士の専門性としてはフラットに患者・家族に向き合うことが求められるが、こころの持ちように悩み、難しさを感じることは多い。

　本稿では、移植領域において心理士がどのような死との向き合い方が可能になるのか、造血幹細胞移植の症例を紹介しながら考えていきたい。あらか

じめ症例の経過を理解するために簡単な移植についての概論も述べておく。
症例ごとに状況は異なるため、あくまで筆者の個人的な体験に過ぎないだろ
うが、1つの視点として、参考になれば幸いである。

2．移植についての概論

　詳細な説明は成書に譲るが、臓器移植とは「臓器が障害されて機能を失い、
そのままでは生命が危ぶまれたり、生活に非常に支障がでたりするようなと
きに、他の人からその臓器を提供してもらって快復を図る医療[1]」を意味する。
　血液のがんに罹患した場合、まずは抗がん剤や放射線治療が行われること
が多いが、治療を経ても治癒しない場合に造血幹細胞移植が実施される[2]。具
体的には、化学療法や放射線照射等による移植前治療を行い、患者の骨髄と
ともに腫瘍細胞を根絶する。次に、破壊された骨髄の機能を回復させるため
にドナーから採取した造血幹細胞を輸注（移植）する。そして、ドナーの細
胞による免疫反応で腫瘍細胞を抑えるという流れである。
　移植前後の期間には、感染予防のため高度に管理された環境（いわゆるク
リーンルーム）に拘束される。それ自体も多大な苦痛を感じるが、その他に
も口腔粘膜障害や下痢・嘔気などの身体的な苦痛が伴う。治療は長期にわた
り、前処置の副作用や身体的苦痛による疲弊感の他、治療経過や入院費用に
対する心配、自己コントロールの喪失感、不安、ボディイメージの変化、自
己評価の低下など、さまざまな現象が起きうる。そのため、定期的な心理社
会的サポートも必須となる領域である。

3．症例提示

　今回、一度は無事に造血幹細胞移植を終え退院できたが、早期再発を経て
亡くなられた症例を紹介したい。筆者が患者の死をあまり体験したことがな
かった頃の症例である。介入経過のなかで生じた筆者の気持ちも述べていき
ながら、死に向き合う援助者のこころ模様を考えていきたい。なお、情報保

護の観点から事例に影響を与えない範囲で加筆修正をしている。

症例概要

　症例は急性骨髄性白血病の40代後半男性（以下、Aとする）である。父親は数年前に病気で逝去しており、軽度の認知症を抱える母と2人暮らしであった。妹がいたが、結婚し遠方にいるため家族サポートとしては機能しづらい状況であった。

　Aは主治医から造血幹細胞移植（以下、移植とする）に伴い長期入院の必要性が説明されていたが、父親が残した金銭トラブルのための裁判や母親のサポートなどを理由に入院を先延ばししていた。しかし、主治医より未治療の場合、予後は数ヵ月程度と説明があったことで入院を決意、入院後は患者のストレスが心配され介入依頼があり、心理士訪室を開始した。概ね週1回30分程度という構造で訪室を行った（以下、「　」はA、〈　〉は筆者の発言とする）。

4．面接経過

移植を終え退院するまで

　初回介入では、筆者の立場や介入頻度の説明を含み、挨拶と簡単な病歴聴取を行った。予後について厳しい説明が主治医よりされていることを聞いていたため、どのような雰囲気で過ごされているだろうかと内心ビクビクしながら訪室したが、Aは筆者の予想に反して過緊張なく明るく寛容な態度であった。そして、幼少期からルールやマナーを厳守する子どもだったこと、大学入学を機に独り暮らしを開始し、人並みに夜更かしなどをして楽しんだ旨などを、ユーモアたっぷりに楽しそうに語った。また、大学卒業後は会社員として継続勤務をしており、人間関係に苦しんだこともあったが、その都度乗り越え、一定の居場所を形成してきたことを誇らしげに話した。

　筆者としては、Aが仕事を大切にしている思いをひしひしと感じ、働き盛りに休職しなければならないことへの理不尽さに対する怒りに思いを馳せた。

32　第I部　死と向き合う現場から

しかし、Aからそのような怒りは感じられず（あったとは思うが表出され
ず）、移植に対して「どんな身体症状が出るのか不安はあるけど、早くよく
なって復職するつもり満々で頑張るよー」と笑顔で答えられた。生きる希望
を強く持たれているようだった。前向きな発言も多くポジティブに振る舞っ
ているAの様子は、不安の反動で明るく振る舞っていた側面もあると考えら
れたが、これまで大変だった時期でも明るくがむしゃらに乗り越えてきたA
のキャラクターが反映されているようだった。筆者はAの朗らかなキャラク
ターに親しみを覚え、闘病を応援したい気持ちとなった。

　別の回、日中の過ごし方について話題になると、Aは検査や治療の合間に、
自分史としてこれまでの人生を振り返っていることを教えてくれた。筆者に
まとめとして整理した用紙を見せてくれたが、そこには細かい文字でこれま
での出来事やその時々の気持ちがびっしりと記載されていた。

　筆者には単なる振り返りではなく、Aが死を意識した結果としての終活の
ようにも思え、圧倒されたのを記憶している。Aに自分史を書こうと思った
きっかけをたずねると、「移植をしたら性格とか変わりそうじゃん（笑）。だ
から、今のうちに自分とは何者なんだということを振り返っておこうと思っ
て」と言う。Aとして、これまでの生活をまとめておかないと、今の自分が
無くなってしまうような不安を抱えているように感じられた。〈自らそうや
ってまとめることってなかなかできないしすごいと思います〉と支持したが、
筆者の内心では、経験も浅い心理士に死を意識しながらも生きていこうとも
がいている患者さんに何ができるのだろう、というやるせなさと苦しさが生
じていた。このときはAから「転んでもただでは起きないことがモットーだ
からね、実験みたいなもんよ」と前向きな反応が得られた。筆者としては、
まだ生きることを諦めていないことへの安心を感じたが、死を意識した患者
に向き合う苦しさを再認識した体験であった。

　また、Aは移植をすることで「新しい自分に生まれ変われるような気分に
なる」とおどけたように笑う。移植はドナーからの健康な細胞を移植するこ
とを意味しているため、Aは病気の寛解に加え、新たな自分に生まれ変わり、
それまでの“大変な生活から脱することができる”というポジティブなイメ

ージを持っているかのようだった。Aは今の自分を大切にしたいという気持ちも持たれていたが、同時に新しい自分に生まれ変わって生きていきたいというアンビバレンスな思いもあったようである。死がもっとも身近になる闘病生活でさまざまな感情が生じることは理解できる。筆者としては、この絶えず存在するアンビバレンスなこころ模様があることを理解し、ともに揺れ動きながら抱え過ごしていければと思った。

　前処置が始まってからもAは相変わらずおどけたように現状を語っていたが、日によっては抗がん剤による脱毛や闘病の孤独感を吐露することもあったため、傾聴に努めながらかかわった。また、退院してから友だちと旅行へ行く約束をしており、それを楽しみに頑張りたいと前向きな気持ちを表出することもあり、支持をした。

　予定通り移植が実施されてから数日後、口腔粘膜障害による咽頭痛で話しづらさが生じ始めた。他の症例でも、この咽頭痛はかなり苦痛が強いものであるが、Aは「こうなるって聞いていたからきたきた！　って感じ」とかすれた声ながら余裕があるように振る舞っておられた。その翌回、痛みが増悪した際には、さすがに表情から苦痛が感じられたものの、Aは「これがお産の苦しみなのかなぁ」と言い、「新しい自分になるために一つひとつ乗り越えていかなきゃね」と気丈に振る舞っておられたため労い続けた。

　その後、無事に生着（輸注されたドナーの造血幹細胞が患者の骨髄で血液を作り始めること）を迎え、日に日に身体症状は軽快に向かった。ある回、日中の過ごし方をたずねると、明るい表情で友だちとの旅行プランをブラッシュアップされていた。「あとは実行するのみ！」と充実した日程表を見せてくれたので筆者も〈楽しそうですね〉と笑顔で伝えた。

　同回、睡眠の話題を経て夢が報告された。「どこを向いても真っ赤な世界に１人ぼっち。一瞬怖い感じもしたんだけど、ただ自分はそこを漂っているだけでよくて、温かく穏やかな気持ち。だけど、遠くのほうで点滴のアラームがずっと鳴っていて、うるさいから止めようと音の鳴るほうに歩き続けるんだけど、全然前に進めなくてもどかしかった」。おそらく、"真っ赤な世界"は移植治療で一般的に行われる輸血の象徴だろう。Aは治療を受けるこ

とで快方に向かっていることへの安心を感じながらも、危険を意味するアラームが止められないことから、退院後に控えている日常生活に不安が生じていると想像した。そのことをAに伝え返すと、「すごく自分の現状が表現されているね」と納得されていた。

そして、Aは裁判が迫っており、書類のチェックなどやることが多く疲れていることを語った。筆者としては、Aが闘病を終えてすぐの心身ともに不安定な状況のなか、裁判という過大なストレスに向き合う必要があるため、退院後も継続的なサポートが必要なように感じた。しかし、Aからの依頼がない限りリエゾンでのサポートの範疇を超えると考え、精神的に困ることがあれば主治医を通して精神科受診も可能であることを説明するにとどめた。Aからは「つらい時期を支えてくれた」と感謝の気持ちが語られ予定通り退院していった。

　再発のため再入院をしてから亡くなるまで

しかし、退院してから約1ヵ月後という早期に、Aは再発のため再入院となった。事前のカンファレンスでは、医師から再移植しか治療法はないが、成功率は1割程度しかないことが共有され、筆者は絶句した。

その後、Aにお会いするために訪室をした。筆者はAの病室の前で、どのように声をかけたらよいのかなど迷い、重苦しさを感じた。ノックする勇気が出ず、病室の前で数分どのように声かけしようか考えていたが、意を決して訪室。Aは椅子に座って静かに本を読んでいた。そして「お久しぶり。また入院になっちゃったよ……」と暗い表情ながらはにかんだ。無理をしている様子が痛々しく言葉に詰まったが、なんとか現状の気持ちをたずねてみると、「ただただショック。再発したことはまだ信じられないし現実感がないなぁ。また移植をしないといけないとはわかっているけど、もうあんなつらいことしたくないんだよね。だから今のところ移植はしたくないと思っている。けど、移植含め何も治療をしないと余命1ヵ月あるかないかなんだって……」とぽつりぽつりと気持ちを述べられる。筆者として、移植をするかはAの意思を尊重すべきだと考えたが、移植をしないことは、すなわち死が近

第2章 移植における生と死　35

い状態を意味しており、なんと声をかけてよいかわからず沈黙した。「どうも体の悪い奴は精鋭隊みたいでね、俺に似たみたいでたちが悪い……（笑）。とりあえず今の目標は長生きすること」と涙目にはなりながらも冗談のように言うAに筆者は頷くことしかできなかった。

　その後も、しばらくAは再移植を決めかねていた。自身が納得したうえで治療方針を決めたいという思いから、他病院にセカンドオピニオンを受診しに行ったこともあった。帰院してからの介入では、セカンドオピニオンでも移植以外治療法はないが、成功率も著しく低いことが伝えられたため、Aは絶望した様子であった。「自分の人生はなんだったのだろうか。仕事がしたい」と静かに流涙しながら話すAを見ていると、筆者も涙が溢れ何も答えられなかった。「なんで先生が泣くの」と優しく問われ思わず謝ったが、最終的にAは筆者含めいろいろな人に親身に話を聞いてもらえることは嬉しいんだと笑っていた。

　その数日後、Aは移植をしないと決意した。「移植をして副作用に苦しまされるのではなく、最後まで自分らしく生きたい」という思いが決め手となったようで、葛藤しながらも1つの答えとして考え抜いたAの想いを支持した。その後は、学生時代の思い出を振り返るなど雑談をすることが増えた。話しているときは温かい雰囲気が漂い、自然な笑顔が溢れていた。そして、「早く春が来ないかな。こんな状態だけど旅行に行きたいんだよね」と語る。筆者としてもAに楽しい思い出を作ってほしい気持ちになったが、現実的には難しそうに思い、こころ苦しかった。

　直後のカンファレンスでは、Aが裁判のため外泊を希望しているとの話題が出る。Aとしては「現在の唯一のこころ残りで、解決せずに置いておけない」と言うが、主治医としては外泊を許可できる病状ではないとのことで、多職種で話し合いが行われた。筆者は他職種が無理だと言っているゆえに迷ったが、Aは身体的に危険な状態であることはしっかりと理解しており、外泊することによるリスクを自身の言葉で話すことも可能であると伝えた。また、意思決定能力が欠如しているとは判断しかねるし、やり残したことを整理するのも大切な援助であるため、可能なら許可してもよいのではと提案し

36　第I部　死と向き合う現場から

た。普段の筆者であれば、まわりの意見に迎合するところであるが、このカンファレンスでは反発したようなところがあり、なかなか勇気のいることであった。主治医の配慮もあり、結果としては自らの意思で外泊するという念書を記載して2泊の外泊に行くことができた。

　外泊から帰院された翌日での訪室にて外泊中の様子をたずねると、「十分とは言えないけど、やり残したくなかった裁判関連の諸用は概ね終わってよかったし、ついでに家の掃除もできたんだよね」と言う。筆者としては、無理に外泊に行くことは、死を意識していたからだと頭では理解しているつもりだったが、実際にAから直接話を聞いたときには、苦しく感じながらも〈やりたいようにできてよかったです〉と伝えた。

　また「主治医と看護師さんたちには内緒なんだけど、友だちに無理やりお願いしてドライブもしてきたんだ。旅行まではできなかったけど満足」と笑顔で話す。そして、ドライブの道中で撮った自然豊かな山並みの写真を見せてくれた。まるで同僚や友人のように秘密を話してくれることは素直に嬉しく〈満足できたことはよかった！〉と伝えた。なお、普段筆者は多職種連携として情報共有を意識しているのだが、この話題は患者の思いを汲み、秘密にしておこうと思った。面会制限もあり、孤独を感じやすい環境で過ごしているAが、久しぶりに生き生きと話してくれたことを大事に抱えておきたいと思ったし、Aが内緒にしたいと思っていることを筆者が漏らすことはAへの裏切り行為に思えたからだ。筆者は、Aとの別れが、おそらくそう遠くもないというやるせなさも感じていた。これまでルールを厳守する生活を強いられてきたAが、入院生活で課せられるルールを逸脱して、のびのびと過ごせたことはこころからよかったと思った。

　その翌週には浮腫がひどくなっており、ほぼ臥床状態で過ごすようになった。筆者が訪室した際もこれまでのような活気はないが、日中の過ごし方をたずねると「いろいろ考えているよ。元気になったら屋台でラーメン屋をやることにしたんだ。だからどうやったら美味しいスープが作れるかなとか考えているんだよ」と微笑む。病気が寛解し退院してからの空想であったが“そうなるといいな”という希望を話している印象であった。否認も働いて

いたと思われるが、筆者の頭のなかにはAが生き生きと働いているイメージが浮かび、〈いつか食べられることを楽しみにしています〉と伝えたところ、Aは流涙しながらも力強く頷いていた。

　しかし、その数日後、浮腫、熱発、呼吸不全など身体症状が急激に悪化した。Aは傾眠傾向になる時間が増え、筆者との言語的なやりとりは難しくなったが、いつも通りの時間枠で訪室し声かけを続けた。結果的に最後の訪室となった回では、退室時に握手を求められたので応じた。弱々しい力ではあったが、手の温もりはしっかりと感じられた。〈また来ますね〉と伝えると「ありがとう」と感謝の言葉を述べられた。担当看護師を含めた他職種もAの苦痛が最小限になるよう献身的かつ愛護的なケアが続けられたが、数日後、病棟でスタッフに見守られるなか、Aは永眠された。

5．症例を通して考えたこと

　この症例では、Aの人柄に、筆者自身も助けられたように思う。Aは、他者とのコミュニケーションを求めていたため関係性が築きやすかった。たまに行われる世間話は筆者としても楽しいと思える話題であったため、訪室がしやすかった。Aにとって筆者は、医療者というより友人や同僚のような立場で、仕事の合間に雑談をするような話し相手になっていたように感じている。振り返ると筆者としては、闘病の息抜きになればと思いながらかかわっていたのだと思う。決して成功率が高いとはいえない移植を実施することは並々ならぬ覚悟だったと思うが、不安に支配されすぎることなく生きる希望を持たれていたことはAの強みであった。

　再発後には死が近づいてくる恐怖を生々しく感じていたと思う。それでも、Aは流されずしっかりと自分の考え（再移植はしないという意向）を持ち続けたため、筆者は患者の決定を後押ししたり病棟に還元できるよう援助することを意識してかかわった。本来は死が間近になりすぎる前に、ACP（Advance Care Planning）の視点でどのような終末期を過ごしたいか、人生のテーマやこれまでの生活のなかで何かやり残したことがないか等を考え

38　第Ⅰ部　死と向き合う現場から

ておくことが望ましいのだろう。しかし、そのタイミングは個別性が高く判断に迷うことは多い。この点は患者にかかわる多職種（時に患者も含め）の課題のように思われる。

また、筆者のようなリエゾン活動の場合、身体状況によって介入頻度が変わることもある。基本的には、患者が不安を否認している可能性を意識しながらも、前向きな姿勢がある際は闘病のために必要なスキルと判断し、否定せずに介入することが多い。これは、必要な介入とも思われるが、Aの本心に迫れたかというと、疑問が残るのも事実である。日々、患者のこころに踏み込むか・踏み込まないかを迷うことがあるが、この点についてはその時々の状況などを踏まえたバランス感覚が重要となろう。しかし、葛藤に寄り添いながら、つかず離れずいつでも話を聴ける関係は大切にし、気持ちが語られた時にはきちんと向き合うことを意識していきたいと思う。

終末期、Aと言語的なやりとりは十分できなかったが、医療者に見守られることを含め、献身的にケアされる経験はAにとってわずかながらでも支えとなっていたと思いたい。カンファレンスで情報共有しながら、Aが感じる苦痛を最小限にできるよう、全スタッフで抱え続けられるよう、多職種が尽力したように思う。

緩和医療の医師である大津秀一氏は著書『死ぬときに人はどうなる 10の質問[3]』のなかで、死の間際に、患者にとって一番うれしいことは何かと疑問を投げかけている。そして、1つの回答として、最後まで良質なコミュニケーションを図りながら、患者とつながることの重要性を述べている。良質なコミュニケーションの定義は難しいが、少なくとも患者にとって安心できる対人関係が必要だと思われる。Aは家族関係がやや希薄であり終末期に家族が揃うことはなかったが、ある種医療者が家族に準ずるような存在となり続けられたのならば、Aにとってはいくらか安心だったのかもしれない。終末期に限らずとも、医療者は患者と良質なコミュニケーションがとれるように考え続け、患者にあった距離でつながっていけるとよいと思う。

患者の状況、たとえば再発などよくない出来事が生じた際には、医療者側としてもこころ苦しく、患者の訪室を避けてしまうことも起きかねない。し

第2章 移植における生と死　39

かし、そんなときであってもやはりできる限りの定期介入は続けたほうがよいだろう。特に心理士としては、直接的に身体的なケアをするわけではないという職業柄、何もできない状況に耐えられず、無理やりにでも解決策を探したくなることもある。この点については、援助者が置かれた状況に対しどのような感情が渦巻いているのかセルフモニタリングをし、患者とともに気持ちが揺れ続けながらかかわり続けることが必要なように思う。また、援助職として日々、死生観の振り返り、ブラッシュアップをしていくことも必要だろう。援助者が健康でいるために、趣味などでこころのバランスを保ち、小説・ドラマなど創作物からさまざまな考え方を取り入れることもしていきたいところである。

6．おわりに

　移植は身体疾患の最後の砦的な治療法であり、患者は移植に至るまでに生と死について嫌でもたくさん考えることとなる。そもそもがん闘病は、これからも当然続いていくだろうと考えている人生が突然断絶されるような体験である。移植以外の抗がん剤治療などもつらい闘病となるため、多くのストレスにさらされる。そんな闘病に際し、素直なこころ模様を表出するのは環境が整わないと難しいことが想定される。援助者として、死を意識している人にどのような介入ができるのかは悩ましいところだが、こころ模様をともに見つめる心理士との面接で気持ちを振り返ることができるなら、それが残された生活の一助となることを願いたい。死を間近にした患者の気持ちを正確に理解することは困難だが、対等な関係で対話を深め、少しでも患者の心情を理解し寄り添おうとする努力はこれからも続けていきたい。

参考文献
　（1）日本移植学会「臓器移植Q&A」(https://www.asas.or.jp/jst/general/qa/all/qa2.php)
　（2）日本造血・免疫細胞療法学会「造血細胞移植について」(https://www.jstct.or.jp/

modules/region/index.php?content_id=1）

　（3）大津秀一『死ぬときに人はどうなる10の質問─あなたは考えたことがあります
か？』致知出版社、2010年

第3章

産科における子どもの死
──新米の薄っぺら心理士、死と出会う

福嶋　梓

1．はじめに──「出産は奇跡」……なの？

「出産は病気ではない　だから皆幸せなものだと思い込んでいる　多くの妊娠出産を見れば見るほど思う　出産は奇跡なんだ[1]」

それまで精神科畑をいくらか歩いてきた私は、現在の職場に勤め、産科を担当するようになって、今年でようやく1年が経つ。産科の心理士としては、新米である。何も知らない、何もわからない領域〈産科〉を担当することになり、何か少しでも知識やイメージを持つことはできないかと、最初に私が手に取ったのが、マンガ『コウノドリ』[1]だった。冒頭の書き出しは、そのマンガ内に出てくる一文である。文章の意味がわからないわけではない。だけど──。マンガを読み出した当時の私にとっては、ピンとくるようでなんだかピンとこない、そんな一文だった。

*

その日は新入職者の研修で1日が終わっていくような日で、私はスーツで出勤していた。これから始まる担当業務のことなんかまだ1つも頭になく、ただただ研修の内容を右から左へ受け流すようにして過ごしていたのだが、そんな私をまるで叩き起こすかのように胸元のPHSが鳴った。

『38週の方で、本日IUFDになりました。メンタル面が心配で、ご本人も心理士さんとのお話を希望されていますので、介入をお願いしたいです』

病棟看護師から話される内容を何1つ理解できなかった私は、ひとまず了解を示し「折り返します」と伝えることだけで精一杯だった。

この依頼には、さすがに私が対応するわけにもいかず、先輩心理士が対応することになったが、今後は私が対応することになるため同行することになった。

IUFDとは、Intrauterine Fetal Deathの略で、"子宮内胎児死亡"を指す。順調な経過を辿り、臨月をも順調に迎えたこの妊婦は、一般では正期産といわれる38週に、突然お腹の中で我が子を失ったのだ。原因は不明。事故としかいいようがないということだった。

ベッドサイドの介入に同行した私は、正直にいってこのときのお母さんの顔も、どんなやりとりをしたかも、緊張のあまりほとんど記憶がない。1つ覚えていることは、まだそれほど暑くもない時期に、背中や膝裏に伝うのがわかるほど、汗をびっしょりかいたこと。

それまでの私は、"赤ちゃんが産まれること"を、漠然と"当たり前のこと"として認識していた。なので、38週でお腹の子を突然亡くしたお母さんへの介入は、私を強く動揺させた。なんといってもあれだけの汗をかいたのだ。漠然とした当たり前が崩れた瞬間だったと思う。「出産は奇跡――。あのマンガの一文って、こういうこと？」とは思ったが、それでも私にはまだ、その意味を充分実感できるほど、経験も知識も足りなかった。

2. 新米の薄っぺら心理士、死と出会う

本書の冒頭で、編者でもあり私の指導教官でもあった祖父江典人先生が、昨今の世相や精神科臨床の薄っぺらさを批判していたが、私はまるで自分に対して言われているような気持ちになった。私自身が、薄っぺらな心理士であることを自認していたからだ。私は、基本的に生きることでそれほど深刻にならないほうだと思うし、共感性も低いと思う。そんな自分が心理士にな

第3章 産科における子どもの死　43

ってよいのだろうかという、うしろめたさをずっとぼんやりと感じていた。そんななか、産科という領域で、ときに死と向き合う仕事をしていかなくてはならなくなった。"えらいことになった"と思った。

　流産、死産、新生児の死亡を経験したお母さんやその家族への支援、かかわりについては、竹内をはじめ、さまざまに書籍化されている。私も縋る思いでそれらを読み漁った。しかし、本に書かれている通りにはやれないのが現実で、そして今でも、産科をやっていて、赤ちゃんを亡くしたお母さんに本当に向き合えているのかどうか、自信が持てないでいる。そもそも向き合えているのかどうかさえ、はっきりしないことも多い。産科は退院が早いので、あっという間に時が過ぎ去ってしまうことが少なくない。お母さんとの付き合いは、基本的に短く終わってしまう。私の薄っぺらなかかわりが、それに拍車をかけているような気もする。

　ただ、「死と向き合う」という執筆の機会をせっかくいただいたのだから、たとえ薄っぺらな自分だとしても、死との向き合い方を考える好機だとも思った。いくつかの架空事例を取り上げて、私なりの死との向き合い方を振り返ってみたいと思う。

エピソード 1 ：無愛想の裏側

　私の勤務している病院の産科は、施設柄、母胎理由ないしは胎児理由により、妊娠期および出産時に何らかのハイリスクを抱えた妊婦の受診が大半を占めている。妊婦さんは、かなりのストレス、不安、ときには絶望を感じて受診されることも多い。そのため、心理士は、メンタルヘルスの面談として初診の患者さん全例に面談を行っている。Ａさんとは、その初診面談で初めてお会いした。

　Ａさんは、過去に婦人科系疾患に対し手術歴があり、その手術により子宮頸管がわずか 1 cmという、早産になることは確実、最悪の場合、流死産になる可能性を高確率で抱えている妊婦だった。「産科の先生たちも目を疑う子宮頸管の短さ」と話すＡさんは、第 1 子を26週で出産。その後のお子さんの発達発育は順調で、「できるなら子どもは 2 人ほしい」というＡさんの

思いが届いての今回第2子の妊娠だった。安定期に入ったところ夫婦で当院産科を初診され、心理士の面談にも夫婦で臨まれた。

　Aさん自身、妊娠できたところで、お腹に宿したその子を無事に産めない可能性がかなり高いことは、妊娠する前からすでにわかっていることだ。"そんなリスクを承知で妊娠希望なんだから、相当子どもがほしくて、子ども好きなんだろうな"。私はいかにも子煩悩な優しい雰囲気の女性を想像していた。ところが、名前を呼び、私の目の前に現れた妊婦は、"THE　無愛想"、そして無感情そうな妊婦だった。自分の状態やリスクのこともあっけらかんと軽く話し、その無愛想さは面談終了まで一切崩れることはなかった。

　"この感じだと、不安や心配も「特にありません」とか言われるんだろうな……"と思いつつも、聞かないわけにもいかないし、うまく聞き出せるスキルも私には持ち合わせていなかったので、「何か不安や心配はありますか」とテンプレートのように尋ねると、「別に」と、以前世間を騒がせた大女優のような答えが返ってきた。一方、夫は心配や不安が強いようで、診察では聞けなかったことなど次々と私に尋ねてきたが、その傍で本人は視線を斜め下にしているか、時々「だからそれは……」と夫に説明していた。

　Aさんは、間違いなく、どこからどう見ても無愛想で感情の動きもなさそうな人だった。面談は淡々と進み、すぐにも終わってしまいそうだった。しかし面談を終え、Aさん夫婦が部屋を出た後、私は「ふぅ」とため息が出た。そのとき自分自身が初めて緊張していたことに気づいた。何に緊張していたのかは、そのときは考えてもよくわからなかった。Aさんのような妊婦さんの場合、入院後心理士の介入依頼がくることは滅多にない。しかし、これは勘でしかなかったのだが、"入院になったら介入依頼が来そうだな"と感じた。

　その勘は的中し、19週で管理入院となったAさんに対し、病棟から心理士の介入依頼が入った。スタッフからは「ずっと横になって寝てるんです。昼夜逆転になって生活リズムが崩れるのはよくないから日中は起きるようにスタッフからも助産師からも何回も言ってるんですけど、『生まれたら昼も夜も関係ない生活になるのに？（笑）』と言って全然聞かない。ぶっきらぼ

第3章　産科における子どもの死　45

うというか、かかわりにくくて……。あまり話したがらないかもしれないけど、こちらのスタッフではどうしようもできないので、お願いできますか」ということだった。

　訪室すると、「ああ〜、心理士さん」と事前に聞いていた情報の通り、ベッドを真っ平にして横になった状態で応対された。無愛想といえば無愛想なのだが、無愛想さが高校生女子みたいな思春期の難しい女の子、といった感じで、初診時よりはかわいらしく感じられた。Aさんはこちらから尋ねなくてもベッドで横になって過ごしていることに触れ、「先生たちに言っておいてください。日中起きてろって、もう何回も聞いてわかってるから言うなって」と話した。その場の空気が少し、ピリッと張りついたように感じられた。私は横になって過ごしている理由は他スタッフに話したのか尋ねると、Aさんは首を横に振り、「立つよりも座る、座るよりも横になる、横になるなら真っ平のほうが、赤ちゃん下がってこないでしょ」と、言い方こそ無愛想だったが、Aさんなりにお腹の子を必死に守ろうとしているようだった。「生活リズムとか、自分のことよりも、何よりもお子さんのことを1番に考えてるんですね」と伝えると、「そ。」とだけ答えた。Aさんには、横になっている理由について、私からきちんとスタッフに伝えておくことを約束し、スタッフに対しては、あのあっけらかんとした受け答えからは伝わりにくいかもしれないが、常にかなりの緊張状態で過ごされていると思われること、気分転換になるような声かけや何気ない会話などがあるとよいかもしれないことなどを共有した。

　それからほどなくして、Aさんの努力も虚しく、完全破水となり、新生児科からの先生の説明を聞いたうえで、Aさんは今回の妊娠を諦めることを決めた。Aさんはこの間も常に冷静で、「こうなることはもともと承知していたので」と繰り返していた。

　死産後に訪室した際には、もう何もかも終わって話すことはないといった様子で、やりとりの言葉の最後には必ず「ありがとうございました」とつけていた。Aさんの表に出ている言葉と態度からは、私もささっと訪室を切り上げ、介入を終了したほうがよさそうな感じであった。"まだだ……"私は

この場でもまたいつかのときと同じように汗をかき始めていた。そして、Ａさんの初診時に感じた緊張をこの場でも変わらずに感じていた。何か終わっていない、このまま終われない何か、があるように感じられた。汗ばっかりかいて、ろくに何かを話すわけでもない私に、Ａさんは退院後の予定、やらなくてはいけない手続きなどを教えてくれ、「それで終わりです」と締めた。私は「……手続きとかは、その、そう、、、終わっていくでしょうけど……。でもＡさんの赤ちゃんへの思いに終わりはないですよね……」と伝えた。私は心のなかで"何言ってるんだろう。こんなことが言いたいわけじゃないんだけど……でも、何て言っていいかわからないんだもん……"と、自分のことでいっぱいいっぱいになっていた。

　そんなことを思っていると、Ａさんがその場で急に涙を流し始めた。そして、この退院前の最後の介入で、妊娠がわかってからずっと緊張していたこと、孤独だったこと、こうなることは承知していたけれど、こうなった今、１番悲しく、苦しく、つらいのは自分であること、そうであるはずなのに、夫のほうがメンタル不調でパニックになっており、夫のこともサポートしなければならず、悲しもうにも悲しめないことなど、たくさんの涙とともにさまざまな思いが話された。

　私のいっぱいいっぱいの発言よって、図らずもようやく語られたＡさんの無愛想の裏側にあった思い。しかし私は、涙を流し語るＡさんに対して、汗ばっかりかくだけで、「そうだったんですね」と繰り返すだけだった。まるで言葉が出てこず、何も言葉をかけられなかった。そんな私を見かねたのだと思う。最後はＡさんから「まさか退院のこんな直前に、こんなに自分が泣くなんて思ってなかった。でも泣くってスッキリするもんですね。なんかありがとうございました」とＡさんが締めて、介入は終了となった。

＊

　最後の最後で、Ａさんの苦痛に触れることはできたのかもしれないが、私自身でそれをこころに収めることができたわけでもなく、その後継続面談に

第3章　産科における子どもの死　47

なったわけでもない。なんだか尻切れトンボのような感じで、今振り返っても情けない気持ちでいっぱいになる。

　どうしたらよかったんだろう。こういうときどういう言葉をかけたらいいんだろう。どうしよう、どうしよう。そうやって、いつも"どうしよう"で頭がいっぱいになって終わってしまう。

　"やっぱり、薄っぺら心理士は死と向き合うことなんて無理なんだ"

　そんなふうに思うケースは他にもいくつもある。

　しかし、なかには"どうしよう"とも思わないケースもある。

エピソード2：向き合うどころか……

　中期中絶目的に入院となったBさん。紹介元の病院で、出生しても短命である胎児疾患が疑われ、私が勤める病院へ紹介になった。精査したところ、胎児は紹介元病院の指摘通りの疾患を有していることがわかった。Bさんの今回のお子さんは、避妊の失敗で授かっていた。それに加え、多子家庭で経済的困窮もあり、「育てられない」と中絶を選択されたのだ。

　私がBさんに初めてお会いしたのは、中絶処置後だった。病棟から「本人が不安と落ち込みが強くて、夜も寝れないと言っていて。心理士さんとお話ししたいと希望されています」と介入依頼があったため、ベッドサイドに訪室した。

　Bさんは、少女のような幼い風貌で、その外見を目の当たりにしただけでも、"この人がお母さんって"と思い、一歩、いや、二歩後退りしそうだった。まるでギャル風の中学生女子のようだったからだ。私を見るなりBさんは「お忙しいところ、お時間いただいちゃって、ほんとすみませ〜ん」と言った。言葉遣いは丁寧だった。だが、とても中絶処置後で、子どもを亡くした母には見えなかったし、ましてや不安や落ち込みを感じているようにも思えなかった。私は病棟から介入依頼があったことを伝え、様子を聞かせてほしいと伝えた。Bさんは、中絶に至ったまでの経緯を話したあと、「看護師さんたちから聞いてるかもなんですけど、私ベビーに会ってない、見てないんです。見たくないって伝えてて。で、今も見たくないんです。怖いから。

おろした子なんて、そんなの見た目モンスターみたいかもじゃないですか。トラウマになっちゃって、怖くて寝れなくなっちゃうと思って。だから火葬が終わるまで見ないようにしようと思ってるんですけど。看護師さんや先生から、"薄情な人だ"って思われないかなって不安で、夜になると心配になって気分が落ち込んじゃって、寝れないんです。看護師さんから、そんな雰囲気を感じるとか、そういうことではないんです。みなさん"Bさんのお気持ちで決めたらいいんですよ"と優しく言ってくださるので。でも心配で」と話した。

　薄っぺら心理士も、もちろん何も感情が湧かないわけではない。Bさんの話し方には、正直うんざりだった。わが子をモンスター呼ばわりしたり、自分のことしか考えておらず、亡くなった子への哀しみはまったく聞かれなかったからだ。たとえ、見た目をギャル風に幼く見せようとしていても、Bさんはとっくに40の坂を超えていた。私は「スタッフの誰もそんなことを思っていないですから、大丈夫ですよ」とだけ、微笑みながら伝えた。私も通り一遍の受け答えしか思いつかず、その場限りの薄っぺらな応対をしたのだ。Bさんも、「そうですか、そう言ってもらえて安心しました〜。あ〜！　今日はよく寝れそうです！」と笑顔で返してきて、実際その日の夜は本当によく眠れたことがカルテに記載されていた。

　その後数回、自分がスタッフからどう見られているか、という不安とその確認のためにベッドサイドに呼ばれることはあったが、似たようなやりとりを繰り返し終了した。もちろん、亡くなった子どものことに触れることは一度もなかった。私には、うんざり感しか残らなかった。

＊

　Bさんのようなケースがもちろん多いわけではない。しかしBさんだけ、というわけでもない。子どもを亡くしたお母さんが皆、その現実に悲しみ、絶望し、強く自責感に苛まれるわけではないのも事実で、そういうケースに対しては、うんざりしたり、場合によっては、不快感が強くなったり、"か

かわりたくない”と拒絶感さえ抱いてしまったりすることもあるのだ。

　だが、同時に、こうした不快な感情を抱き、薄っぺらなかかわりになってしまうのも、私自身の薄っぺらさが一役買っている気もする。Bさんに対してのかかわりなど、その例に漏れない。

3. 結局、薄っぺらな心理士は、死とどう向き合えばいいの？

　第三次医療の大学病院においては、他科同様に産科においても死は日常である。Bさんのように子どもの死が顧みられることもなく通り過ぎていく人もいれば、Aさんのようにこころの最後で子どもの死の事実に流涙する人もいる。

　産科における子どもの死、それ自体は、たいてい流れるように過ぎ去っていく。私も、心理士としてその一瞬に立ち会うのみであり、そこで弔いや悲しみなどを患者やスタッフと共有することは、とても十分とはいいがたい。

　冒頭の祖父江先生の言にあるように、これも時代なのかもしれない。そのうえ、私自身も、情の深い性質ではないし、情の深いかかわりを患者との間で形成することを求められるわけでもない。あくまでも入院の一時の心やすめのような立場だといってよいだろう。

　そんな私でも、この間、それなりにお母さん方やその胎児の死に多く出会ってきた。私の死との向き合い方も、いくらか変化が出てきたようにも思う。その雑感を以下に記したい。

＊

　一番の変化は“死が怖い”と思うようになったことだと思う。少し前の私は、死が特別怖いと感じたことはなかった。そもそも物事に永遠はなく、生まれたものには必ず終わりがある、そういうものだと、ただ思っていた。私は少し変わった子どもだったので、小学校低学年くらいの、わりと低年齢の頃にははっきりとそう思っていた。私は、それだけ醒めた人間だったのだ。

ところが、ここ最近の私は、自分ではない誰かが死ぬことも、自分が死ぬことも、怖いと感じるようになった。死ぬのが怖い、というのは正確には、「死にたくない／死んでほしくない」「今死ぬわけにはいかない」という感じだと思う。自分も他の誰もが死なないなんて、そんな叶わない夢物語のようなことを思ったり、ときに願ったりするようになった。

　産科で、流死産を繰り返し経験しているお母さんや、今まさに胎児を亡くしたお母さんに介入することも、同時に苦痛に感じるようになった。以前は汗が出るような感じだったが、今は身体中に痛みを感じるような、そういうつらい時間に変わったように思う。

　私は、なぜ死が怖いと思うようになったのだろうか。単に私も人並みに歳を取ってきただけのことなのかもしれない。しかし、胎児を亡くしたお母さん方を通した"死"との出会いは、多汗から身体の痛みに変化したように、私の身体の内部から変化を引き起こしているようにも思われる。まだまだ1年余りのこの経験ですら、死の衝撃は、薄っぺらな私の内面にまで影響を及ぼしてきたのかもしれない。私はまだそれを、身体の感覚としか受け止められていない。しかし、今それを言葉にすること自体が、それこそ"薄っぺら"な作業に落ちてしまう気がする。私にとっては、それを今言葉にしようとすることよりも、これからも当分の間、身体の痛みを感じ続けることが必要なのかもしれない。

4．おわりに

　私が死を怖いと思うようになったのは、もちろん産科でかかわった多くの流死産や胎児の死、そしてお母さん方との出会いも大きい。しかし、そればかりでもない、とも思う。本稿の執筆作業も大きかった。

　「死のテーマ」をいただいて以来、ただでさえ文章を書くのが苦手な私は、しかも、考えたことさえないテーマだったので、とても書ける気がしなかった。しかし、わが子を亡くしたお母さん方に日々お会いするし、頭の片隅には、死のテーマの重荷がたんこぶのようにくっついているし、私は自然と死

について考える時間が増えていったように思う。ちょうど、執筆作業があたかも自己分析のような体になっていったのだと思う。

　私がそのなかで気づいたことを、多くは語れない。しかし、「死が特別怖いものだと感じたことがなかった」というのが、いわゆる分析でいう躁的防衛だったことは、今でははっきり自覚している。

　私は、今回の執筆を通して死と出会いだしたように思うが、まだまだお母さん方の死との出会いにどんな援助ができるのかは、はなはだ心もとない。その前に、それと同時に、自分自身の心のなかにある死を考え続ける必要がある気がしているのだ。まずは、そこから、そこから死への援助は始まる気がしている。

参考文献

　（1）鈴ノ木ユウ『コウノドリ（2）』講談社、2013年

　（2）竹内正人編『赤ちゃんの死を前にして―流産・死産・新生児死亡への関わり方とこころのケア』中央法規出版、2004年

第 4 章

精神科臨床における自殺

木村宏之

1．はじめに

　精神科医は、内科医や外科医と違って、患者に手を尽くしたものの身体疾患の病勢により最後は亡くなってしまうという経験をあまりしない。精神科臨床における死について考える時、まず思い浮かぶのは自殺ではないだろうか。自殺は精神疾患の臨床経過中に一定の割合で起きるのだが、精神科医は自殺に直面する時、その経験を「（患者に）死なれた」と口にする。自らの臨床を振り返ってみても、「死なれた」という言葉のなかに、患者や家族の恨みや悲しみと治療者自身の死なせてしまったという罪責感が含まれていたように思う。ところが、他の診療科の医師は、患者が身体疾患で死亡した時には「亡くなった」と言い、「死なれた」と言っていることは聞いたことがない。患者に対して手を尽くしたがやむを得ず死に至っており、治療者自身には非はなく、おそらくそこには患者から医師への敬意と感謝があるのだろう。このように、自殺は精神科医にとって患者の死亡以上に特殊な体験であると同時に、ある種のトラウマ体験になるため、まず初めに思い浮かぶのかもしれない。

　次に精神科臨床における死について思い浮かぶことは、患者の精神疾患に併存する身体疾患によって訪れる、少し早い死についてである。患者自身が自分の身体疾患についてきちんと治療できておらず、もう少しきちんと管理

53

できていたならと残念に思うことは少なくない。ここには自殺を経験した時ほどの衝撃はないのだけれど、それは身体疾患の管理というどこか自分の責任ではないところで起きたと考えるからかもしれない。もちろん心と身体は切っても切り離せないことは自明であるし、精神疾患の心理教育でも併存する身体疾患のアドヒアランスは重要事項であるから、どこかで見て見ぬふりをしているのだろう。

　本章では、精神科臨床における死というテーマについて考えた時、初めに思い浮かんだ患者の自殺について述べたいと思う。いくつかの最近の文献を引用しているところがあるが、厳密な論考に基づく文章ではなく、筆者の個人的な成長過程における記憶を軸に成り立っている。なお、臨床ビネットが描かれるが、一部に改変を加えるなど個人情報保護に十分に配慮した。

2．精神科医になるまで

　精神科医が精神科臨床で死と向き合う前に、専門家になるためのトレーニングでどのように死と向き合っているかを考える。

（1）医学生時代

　医学部に入学すると、まずは医師になるためのトレーニングを受ける。人体を科学的で冷静な視点で理解していき、そのなかで死を体験する。

　最初に人の死に向かい合う経験は、なんといっても解剖実習だと思う。筆者は、ある高齢女性のご遺体を解剖させてもらったのだが、今でも鮮明に覚えている。毎回、ご遺体に向かい合い、解剖をすすめ、自分が勉強した人体の解剖と照合していった。人間の一つひとつの血管・骨・筋肉・臓器など、数え切れないほどの名称を記憶する作業のなかで、人間が物質の集まりであることを身体にたたきこまれる経験で、半年ほど続いた。体感としては、ずいぶん長い期間であり、心身ともに大変だったが、実習グループの同級生とともに励まし合ったことを思い出す。解剖実習までに身内の葬儀で人の死は経験していたが、医師として人間の死に向かい合った最初の経験であり、言

い換えれば、人間の死を学問として受け入れる経験だったともいえよう。

　その後、臨床実習中に病理解剖を見学させていただく機会も持てた。解剖で経験したご遺体よりもずっと若く、つい先日まで生きてきたせいなのか、身が引き締まる思いがし、亡くなった患者を解剖しながら原因を冷静に究明しようとする先輩医師の姿勢を目の当たりにした。このように、学生時代の医師になるトレーニングによって、患者の死に対して動揺することなく、科学的視点を持って向かい合えるようになっていく。

（2）研修医時代

　日本では臨床研修制度があり、医師は国家資格を得た後、すぐに専門医療を実施せず、研修期間が設けられる。歴史的には、1946年に実地修練制度（いわゆるインターン制度）が創設され、医師国家試験受験資格を得るため「卒業後1年以上の診療及び公衆に関する実地修練」が義務化された。そして、1968年から臨床研修制度が創設され、医師国家試験は医学部卒業直後に受験し、2年以上の臨床実習を推奨された。この長期間にわたる研修制度のなかで、研修医の4割が卒業後に医局の単一診療科のみで研修を行い、専門診療科に偏った研修が行われた。

　一方で、幅広い診療能力が身につけられる総合診療方式（スーパーローテイト）による研修を受けていた研修医は少なく、「病気を診るが、人は診ない」と批判された。こうした批判を受けて、2004年からは、新医師臨床研修制度により、2年以上の臨床研修が必須化され、医師としての人格を涵養し、プライマリ・ケアの基本的な診療能力を習得するとしている。筆者は1994年卒だが、幸運にも総合診療方式による研修を受けることができ、精神科以外の診療科でも多くの経験ができた。

　多くの研修医にとって、患者の死に直面する場面は、救急医療の場面だろう。研修する病院や研修体制によって差はあるかもしれないが、救命センターには心肺停止状態の患者やそれに近い患者が救急搬送されてくる。蘇生処置によって心拍が再開することもあるが、多くは家族に死亡宣告をすることになる。動揺する家族に説明し、死亡診断書を作成しながら、1人の人間の

人生の終わりに立ち会う。このような経験を繰り返すなかで、初めて出会う患者の人生や家族の悲しみを想像するゆとりはなくなっていき、心拍再開に向けて冷静に手順を踏む技能が身についていった。

　このような死の直面を繰り返すことについて、どのように考えたらよいだろうか。精神分析家の小川は、死の欲動と反復について論考するなかで、自転車で通勤途中にトラックにぶつかって事故死するというあっけない日常の死を具体例にあげながら「人間にとって象徴化されていない生（なま）の現実との接触は、外傷になる」「このような偶然が起こると、無意識はそれを言語に取り込んで、意味を持たせて物語にしようとする」と述べている。たしかに悲惨な殺人事件が起こる時、ニュース番組でどうしてこの事件が起きたのか犯人の生い立ちを検証して物語にすることは日常的に行われる。

　あらためて救命センターで「既に死亡した患者が目の前にいる」という状況について考えてみる。この出来事を物語にするすべを持たない研修医は、破壊的な「生の現実」をそのまま受けてトラウマを経験する。そしてこのトラウマは、医師として冷静に対応するトレーニングという御旗のもとで否認されているのかもしれない。

　筆者は、2004年から大学医学部に勤務しており、毎年、精神科医や心理士を目指して入局する若手医師や大学院卒業後の若手心理士に出会ってきた。若手医師のなかには、精神科を選択する理由の1つとして「患者が死なない科だから選択しました」と言う人も何人かいた。死と向き合う仕事という医師の業から少しでも離れていたいという気持ちはわからなくもない。

　一方で、若手心理士は、彼らは若手医師と比較して専門家として患者の死に向き合う経験はほぼないに等しく、死を目の前に戸惑うことも少なくないため、できるだけ臨床場面で人の死に向かい合う経験を持ってもらうように配慮している。戦後、病院で最後を迎えることが急速に増えていき「病院で死ぬことが主流」になり、結果として日常生活のなかで死を見る機会が減り、人の死を経験しない人が多くなったという。こうした時代背景からしても、精神科医や心理士がトレーニングのなかで人の死を直視することは重要な経験といえる。

３．精神科臨床における自殺

（１）精神疾患と自殺

　誤解を恐れずにいえば、精神科臨床にとって自殺は避けられない。自殺研究で著名な高橋[4]は、経験のある精神科医であれば８割から９割が自殺を経験し、残りの１割から２割は真に有能な治療者であると断言したいところだが、実は患者から早めに見限られたり、患者の自殺を知らなかったり、自殺しそうな患者は早々に紹介してしまったりすると述べている。また、かつての精神医療では患者の自殺を経験することは、精神科医になるための通過儀礼であった。つまり、悲劇的経験には治療者としての傲慢な態度を戒め謙虚さを育むことにつながる意義があったが、今後は自殺そのものをタブー視せず、トラウマを経験した若手精神科医や心理士をサポートする体制を構築できていくことが望ましいと主張している。

　最近のレビュー[5]によると、World Health Organization（以下WHO）の調査では全世界で年間70万人が自殺既遂をしている。つまり、40秒に１人が自殺で死亡しており、さらに１人あたり60〜135人がその死の影響を受けているようである。こうした現実を考えると、自殺という極めて特殊な状況は私たちの身の回りに起きても不思議ではない時代になってきたといえよう。自殺した患者の多くは、死亡する１年前には医療サービスに相談したり、自傷行為をしたりしている。実際に、自傷行為は、自殺者の約20倍の年間1400〜1600万人が起こしている。

　日本の現状については、令和５（2023）年度の自殺対策白書[6]によれば、Ｇ７各国（日本、アメリカ、フランス、ドイツ、カナダ、イギリス、イタリア）の自殺死亡率（人口10万人あたりの死亡者）のなかで、残念ながら日本は16.4と最も高かった。自殺の具体的な手段は、「首つり」（67.3％）が最も多く、次いで「飛び降り」（11.8％）、「練炭等」（7.0％）で、これらの手段による自殺が全体の85％以上を占めていた。しかし、日本の自殺者の推移を見れば、2003年に1978年の調査開始以降最も多い３万4427名とな

ったが、その後は減少傾向にあり、2022年には2万1881名になっている。国をあげて自殺対策を行い、また自殺臨床に熱心に取り組んでいる臨床家たちの成果である。

　こうした自殺者のなかで精神疾患患者はどの程度いるのだろうか。少し古くなるが、2014年のWHOの報告によれば、2003年の系統的レビュー[8]に基づいて、自殺既遂者の90％がなんらかの精神疾患に罹患していた。日本の調査では、1990年代に東京都の救命センターに搬送された全自殺既遂者の心理学的剖検調査および観察医務院調査[9]が実施され、うつ病圏54％、統合失調症圏26％、アルコール・薬物依存症圏9％となり、WHOの報告と同様、全体でほぼ9割に精神疾患の診断がついた。2007年の報告では、高度救命[10]センターに搬送され未遂になった自殺企図者564名に精神医学的診断を実施したところ、主に気分障害（23％）、適応障害（20％）、統合失調症（15％）、物質依存症（10％）であった。

　救命センターにおける自殺企図患者の精神疾患について検討された一方で、それぞれの精神疾患における自殺リスクという視点からも検討されている。

　自殺と深い関連があるうつ病[11][12]では、生涯を通じて、自殺で死亡する確率は一般健常者の20倍近く高いようである。双極性障害[13][14]については、もう少し詳細にわかっている。自殺既遂はうつ病と同様に一般の人に比べて約20〜30倍高く、患者の約30〜50％に自殺未遂歴があり、その15〜20％が自殺既遂したと推定される。

　自殺企図がしばしば生じる境界性パーソナリティ症[15][16][17]については、自殺既遂率は10％であり、これは一般人口の約50倍とされる。境界性パーソナリティ症患者は、しばしば「死にたい」と訴えるが、一部の医療者はこれをアピールであって本当には死なないという先入観を持っていることがある。うつ病や双極性障害と単純に比較はできないかもしれないが、自殺既遂するリスクを過小評価することはできない。

　他の精神疾患では、統合失調症の自殺率は5％である[18]。また、慢性疼痛患者[19][20]では、自殺企図の生涯有病率は5％から14％で、自殺既遂のリスクは一般人口の2倍とされる。程度の差こそあれ、どのような精神疾患でも一定

程度の自殺は避けられないようである。

（２）死にたい患者の評価[21]

「死にたい」患者の評価は、どれだけ経験を積んだとしても難しい判断である。もちろん、守秘義務を持つ治療者は「死にたい」という訴えを患者の心のなかの問題として扱うため、「死にたい」気持ちは面接内のみで話し合われていた。

しかし、1976年のタラソフ事件（患者の殺人予告に対して現実的マネージメントを行わなかった後に殺人が実行され、治療者が法的責任を問われた）以降、治療者は、深刻な自傷他害が予測される場合は守秘義務よりも現実的対応を優先させる傾向が強くなった。こうした考え方は現在にも通じており、治療者は患者の「死にたい」という危機的状況を評価し、深刻な危機と判断すれば、自殺既遂を回避するためのマネージメントをしなければならない。

とはいえこの評価が難しい。個人的に振り返ってみても、経験のない初学の頃は「死なないと約束してほしい」と患者にお願いすることしかできず冷静にアセスメントできなかった。自分自身が不安になって必要以上の向精神薬を処方したり、逆に患者の「死にたい」状況を否認して「たいしたことないだろう」と躁的に振る舞っていたりしたように思う。その後、患者の「死にたい」を評価するような危機的状況をなんとか回避する経験を繰り返すうちに、自分のなかに一定の視座のようなものができあがった。

さて、初めて面接する患者の「死にたい」を評価する場合、まずは診断について想定する。自殺念慮があるからといって精神疾患と決めつけず、脳器質性の精神症状や身体疾患による精神症状、それに伴う意識障害について忘れないように心がける。

次に、精神病性障害、気分障害、不安症、パーソナリティ症、神経発達症など大まかな診断について考え、評価の参考にする。受診歴があれば、カルテ上の診断や、診断名が不明でも薬剤手帳の処方歴から推測する。想定された診断についていえば、統合失調症は病的体験の予測が難しく治療者の不安

第４章 精神科臨床における自殺　59

も高まりやすいため既遂のリスクを高く感じやすい。パーソナリティ症は繰り返し自殺念慮を持つため予測がしやすく「既遂には至らないだろう」と既遂のリスクを低く感じやすい。しかし、印象の違いは、診断間の比較の問題であって、目の前の患者が「死にたい」と訴えている状況は同じである。自殺念慮を持っていない患者と比較し、リスクが高い臨床状況と判断する必要があるだろう。

　次に患者の「死にたい」を縦断的に考え、これまでの治療経過から「死にたい」がどのように認められたかを振り返ってみる。初めて面接する患者であっても、カルテや付き添いの家族から聴取する。初回・急性のエピソードなのか、慢性・反復性のエピソードなのかについて検討する。

　たとえば、社会機能に問題なく一度も「死にたい」と思わなかった患者が、急に強い自殺念慮を訴えた場合は、その先の自殺既遂の危険性の予測は困難だろう。一方で、慢性的な抑うつのため繰り返し自殺企図を行っている患者の場合、自殺既遂の危険性は、初回・急性のエピソードの患者と比較して予測しやすい。もし、以前にも同じ「死にたい」状況があり、危機回避できた方法があるのなら、参考にすることができる。その方法については、患者に直接聞いてもよいし、付き添いの家族に聞いてもよい。希死念慮の高まりが初めてでなければ、これまではどんなふうに対処してきたのかを話題にしながら、一緒に対処法を考えることもある。

　その次は「死にたい」を横断的に評価する。初めて面接する患者の場合、患者のおおよその診断と縦断的な臨床経過をできるだけ把握し、ある程度の予測を持って患者と面接することになる。また、面接を続けている患者の場合は、面接をしながら縦断的な臨床経過を振り返りながら評価する。

　治療者が「死にたい」患者と評価面接を行う時、「死にたい」患者と動揺する家族の不安に対し、傾聴する姿勢がとても大切である。治療者が不安になり、患者（や家族）の不安も高い状況で「死んではいけない」「そんなことを考えないように」などと自殺念慮を上から押さえつけようとすれば、治療者と患者（や家族）の雰囲気は対立的になり、かえって患者の「死にたい」気持ちや不安は高まってしまう。治療者は、しばらく患者（や家族）の

気持ちを傾聴して不安を軽減する必要がある。そして治療者も自らの気持ちを落ち着けながら、自殺既遂のリスクを冷静に評価する。

面接場面での「死にたい」気持ちについては、死の選択も患者の苦しみに対する1つの対処法と考え、もう少し適応的な対処法をすすめるかもしれない。たとえば、「死んでしまうより大量服薬がいいし、大量服薬よりも大声で叫ぶほうがよいし、大声で叫ぶよりも頓服を使用するほうがよい。いずれは、頓服を使用するのではなく入浴や軽い運動で対処できるようになるとよい」と伝えることがある。

以上のような対応をしても患者の「死にたい」気持ちが高まっていき、再企図や既遂の可能性が高まれば、治療者は精神科入院治療も含んだ緊急対応を行うべきである。一方で、面接のなかで徐々に「死にたい」気持ちが収まっていき、再企図や既遂が回避できそうであれば、治療者は、次回予約など外来治療の方針を告げ、面接を終える。

さて、評価を困難にする状況に電話やオンラインでの面接がある。概ね前述の手続きであるが、対面で患者と面接している時と比較して、治療者が得られる情報量が違う。電話では表情がわからないし、いくら電話やオンラインの機能がよくなったとはいえ、患者の声色の微妙な違いはよくわからない。

また、家族が患者のすぐそばにいても、患者、治療者、家族で話し合うことができない。このような情報量の不足は、同様に患者（や家族）も感じていることが多い。したがって、対面の面接と比較して「よくわからない部分」が増え、お互いの不信感が高まりやすいため注意する。

治療者の実感としては、（実際にもそうなのだが）患者との距離が遠く感じ、治療者の介入が患者に届きにくい。たしかに「今から死にます」と言われても、遠方にいる治療者にはどうにもできない。電話やオンラインの場合、このような治療者の無力感から、患者の自殺念慮を押さえつけようとして治療者と患者の雰囲気は対立的になり易く、かえって患者の「死にたい」気持ちや不安は高まってしまうことが多いように思う。前述した治療者側の「離れた場所にいるので、すぐに駆けつけてマネージメントできない」と、患者（や家族）側の「今すぐ死にたい気持ちをなんとかしてほしい」との間で、

第4章 精神科臨床における自殺　61

お互いが落としどころを見つけられるような話し合いが持てるとよいだろう。

（3）自殺企図に対する偏見

　精神科臨床と自殺を考える時、重要な問題の1つである偏見について考えてみる。

　自殺企図で救命センターを受診した患者について対応を求められる精神科医が、依頼を受けて診察に向かう時、患者に対する医療スタッフの冷ややかな視線を感じる時がある。その冷ややかさを言語化すれば「この患者は自業自得なのではないか」「救命を必要とする患者が他にいる」などになるだろう。こうした自殺企図患者への偏見は程度の差こそあれ、さまざまな医療現場に潜んでいる。[22]

　以前に救命センターの自殺企図患者について精神科以外の医療スタッフにレクチャーをした時、「患者の自殺企図は深刻な自殺既遂を防ぐためにせざるを得ない対処法という見方をしてください」という筆者の説明に対し、経験を積んだ医療スタッフが手を上げて「実際に現場で対応しているとどうしても先生のように優しく思えません」と訴え、会場はその意見におおいに賛同するような雰囲気に包まれた。

　このような自殺企図者に対する医療スタッフに潜む偏見は、筆者の知るかぎり正面きって取り上げられたことはなかったように思う。もちろん、精神科以外の医療スタッフが偏見を持っていて精神科医が持っていないという一方向的な話ではない。筆者だって自殺企図で繰り返し時間外受診をする患者に対して同じような気持ちを抱くことがある。ここまで書いてきて気づいたが、筆者自身、このような医療者に潜む偏見がどこかタブー視されていて、自由に討論できないことを窮屈に感じていたように思う。

　最近の自殺と自傷に関するLancet誌の総説では、重要な問題の1つとして偏見が取り上げられ、イギリスの救命センターに受診した88名の自殺企図患者と14名の家族に関する広範囲な質的調査[23]が引用されている。調査では、一部の医療スタッフが「本気で死ぬつもりだったのか」と聞いたり、「痛みの閾値が高いはずだ」と縫合する時に局所麻酔を使わなかったり、「時

間の無駄」「他の人は本当の怪我をしている」と言ったりした。そして、こうした医療者の懲罰的な態度の背景には、自殺企図患者に良いケアを提供するとかえって自殺企図を誘発してしまうという先入観があったようだったと論じている。

イギリスでやっと議論され始めた偏見は、（筆者が知らないだけかもしれないが）日本であまり話題になってこなかったと思う。将来的には、日本の医療でも偏見について議論でき、自殺企図者に対して今よりも良質な医療が提供されることを期待している。

（４）自殺既遂と治療者の反応

実際の精神科臨床で自殺は唐突にやってくる。たとえ自殺念慮が遷延したリスクの高い状態であっても、治療者や家族、そして患者本人も回復を目指しているため、患者の既遂は突然の訃報と経験することが多い。

患者の自殺既遂は治療の失敗を意味するため、死に直面する治療者は、患者や残された家族に対して贖罪の気持ちが生じるとともに、患者を死なせてしまった自分自身を責める。加えて、患者や家族との治療関係が良好でなかった場合、治療者自身の陰性感情を患者に向けた結果、死に至らせたと考えるため罪責感はより大きい。さらに、残された家族から患者を救命できなかった治療者に対する批難が強い場合、罪責感はますます大きなものになる。

もう20年以上前になるが、ある青年期患者の自殺既遂を経験した。[24] その患者との治療は、長年にわたって何度も致死的な自殺未遂を繰り返してきたものの、なんとか希望を持って続けてきたものだったし、危ういながらなんとか生きていけるのではないかと思っていた。決して楽観していたわけではないが、自殺既遂の一報は予想外に突然訪れた。

その日は、休日の夜明け前で、就寝していたところに救命センターからの電話で起き、患者が過量服薬で搬送されたと連絡を受けた。最初は、これまで繰り返してきた自殺企図が生じたのだろうと思った。ところが、連絡をくれた医師は、少し言いにくそうに「心肺停止で厳しいです」と続けた。丁寧に説明してもらったはずなのに、頭が真っ白になってよく理解できなかった。

第４章　精神科臨床における自殺　63

その医師の説明を聞いていくうちに救命は難しいだろうと理解できた。

　気を取り直し、準備をして病院に赴いたが、すでに患者は病院を後にしていた。ご家族に連絡し、まず「力およばず、すみません」と謝った。家族はとても混乱していたが、これまでの治療に対して丁寧にお礼を述べてくれた。少し後、ご両親から外来で時間をとってほしいと連絡があり、来てもらった。ご両親は患者の最期の様子について涙を流しながら詳しく述べた。そして長期にわたる症状が大変だったことや幼少期からの患者について振り返っていた。治療者宛ての遺書には「尽力してもらいました。私としては精一杯やったんです。でも、この先の生き地獄を考えると……残念です」などと書かれていて、それを読んだ筆者は、患者が自殺既遂を暗に認めてほしいと言っているように感じた。

　1時間ほどのご両親との面談を終えた夕方、外来を閉めようとしていると、患者の親友が待っていて筆者と話がしたいと言う。待合で患者と話していることを何度か見たことがあり、仲が良かったことは知っていたし、少し話をすることにした。その親友は「彼女は、ずっと死にたいっていう突発的な衝動が抑えられないって苦しんでいました。彼女はずっと死にたかったし、死んでよかったのではないでしょうか？」と筆者にくいさがった。「たしかに、人の生きる死ぬの決定は、その人に選ぶ権利があるのかもしれません。でも、僕は彼女は死んではいけなかったと思っているし、間違っていたと思う。生きていくことが彼女との治療の目標だったし、生きていくということは、僕の仕事の前提だから。そういう仕事なんです。理解してください」と伝え、納得してもらった。

　この一連の経験の後、しばらく落ち込んでいたが、所属する研究会で同僚のサポートや先輩からの励ましがあったし、意識的には目の前の臨床を頑張って続けられるようになった。しかしながら、自分の心の奥底に晴れ間のない曇り空が続くようなある種の冷気があり、それをぬぐうことはどうしてもできなかった。当時を振り返ってみると、数年にわたって臨床でもどこか自信が持てず、自分がどうすればよいのか迷っていたように思う。

　ちょうどその頃、「患者の自殺と治療者の反応」[(4)]という文章に出会い、自

表4.1 患者が自殺してしまった治療者の心的変遷
（文献4について筆者が一部改変・追記した）

①心理的に大きな衝撃を受けるとともに「自殺ではなく事故だった」「重症だったためやむを得ない」「患者の疾患の自殺率は○％だから仕方ない」などと考え、治療が失敗した事実は否認される。場合によっては冗談交じりに自殺した患者について語ったり、躁的に仕事に没頭したりする。
②しばらくすると罪責感が生じてきて「リスクを見逃していたのではないか」「もう少しよい治療ができたのではないか」「患者や家族に恨まれていないか」と考え、抑うつや不安を経験する。周囲の批難を過剰に意識してしまい、同僚のサポートも素直に聞けず、孤立して一人で考え込むことが多い。
③日常臨床において、自殺念慮に過剰に対応したり、自分の臨床感覚に自信が持てなくなったりする。場合によっては、精神科臨床から離れてしまうこともある。
④半年くらい経過すると、自殺した患者の治療について、少し遠くから（客観的に）観察できるようになる。自殺に至った治療経過について、"自殺に至ったやむを得ない部分"と"自らの至らなかった部分"について考え始めることができる。
⑤患者が自殺した経験を心のなかで消化し、自らの糧にして自分の臨床に活かせるようになるまで、少なくとも数年を要する。

殺を経験した医療者の共通のプロセスをあらためて鳥瞰することができた（表4.1）。そのなかで高橋がアメリカ留学中に聞いたある精神科医の言葉が紹介されていた。

　その精神科医は、ベトナム戦争の帰還兵の治療にあたっていた。その中に（中略）これまでにも何度も自殺未遂を図っている患者がいた。その患者は職もない、妻とは離婚し、実家との連絡もない。もはや自分が生きている意味などないのだと言い続けてきて、結局、最後には自ら命を絶った。その患者の例を挙げて、精神科医は私に次のように語った。「時には、今、自殺してしまうかもしれない人を、数ヵ月、いや数週、数日だけでも自殺を思いとどまらせて、人生の意味を振り返る機会を与えるのが私の仕事だと思うことがある。自殺を思いとどまってくれれば最善のことだが、それを最初から望めない患者がいることも現実だ。そのような人に向かって、『私はけっして逃げ出したりしないで、ここにいて、あなたの最後の言葉を真正面から受け止めよう』と伝えるしかできないこともある。自殺の危険が高いからといって、すぐに入院させてしまって、それで自分の責任は

終わったと、安堵してしまうような、交通整理の警察官みたいな精神科医にだけはなりたくない。

この精神科医の言葉に心を動かされたし、今振り返ってみても自殺臨床における治療者のあるべき姿勢の本質が含まれていると思う。

4．おわりに

精神科臨床における自殺について述べた。臨床家にとって患者の自殺は避けなければならない問題であるが、残念ながら完全に防ぐことはできそうにない。できるだけ既遂が生じないように、そして不幸にして生じてしまった時は、ゆっくりでよいので現実から目を背けることなく、患者の死に真摯に向き合う必要があるだろう。

参考文献

（1）厚生労働省「医師臨床研修制度の変遷」(https://www.mhlw.go.jp/topics/bukyoku/isei/rinsyo/hensen/)［2024年7月1日閲覧］

（2）小川豊昭「『快原理の彼岸』—死の欲動と反復」西園昌久監修、北山修編集代表『現代フロイト読本2』みすず書房、2008年

（3）村上靖彦『在宅無限大—訪問看護師がみた生と死』医学書院、2018年

（4）高橋祥友「患者の自殺と治療者の反応」『精神療法』33巻1号、80–88頁、2007年

（5）Knipe, D., Padmanathan, P., Newton-Howes, G. et al.: Suicide and self-harm. *Lancet* 399: 1903–1916, 2022.

（6）厚生労働省「令和5年版自殺対策白書」2023年 (https://www.mhlw.go.jp/stf/seisakunitsuite/bunya/hukushi_kaigo/seikatsuhogo/jisatsu/jisatsuhakusyo2023.html)［2024年7月1日閲覧］

（7）WHO: Preventing suicide: a global imperative. 2014. (https://www.who.int/publications/i/item/9789241564779)［2024年7月1日閲覧］

（8）Cavanagh, J.T., Carson, A.J., Sharpe, M. et al.: Psychological autopsy studies of suicide: a systematic review. *Psychol Med* 33(3): 395–405, 2003.

（9）張賢徳「自殺既遂者中の精神障害と受診行動」『日本医事新報』3789号、37–40

頁、1996年

（10）河西千秋「自殺企図者の精神医学的研究—自殺企図の精神病理および生物学的背景、危険因子の研究」科学研究費助成事業データベース研究成果報告書概要、2007年（https://kaken.nii.ac.jp/ja/report/KAKENHI-PROJECT-16591152/165911522007kenkyu_seika_hokoku_gaiyo/）［2024年7月5日閲覧］

（11）Malhi, G.S., Mann, J.J.: Depression. *Lancet* 392: 2299–2312, 2018.

（12）Otte, C., Gold, S.M., Penninx, B.W. et al.: Major depressive disorder. *Nat Rev Dis Primers* 2: 16065, 2016.

（13）McIntyre, R.S., Berk, M., Brietzke, E. et al.: Bipolar disorders. *Lancet* 396: 1841–1856, 2020.

（14）Dong, M., Lu, L., Zhang, L. et al.: Prevalence of suicide attempts in bipolar disorder: a systematic review and meta-analysis of observational studies. *Epidemiol Psychiatr Sci* 29: e63, 2019.

（15）Gunderson, J.G., Herpertz, S.C., Skodol, A.E. et al.: Borderline personality disorder. *Nat Rev Dis Primers* 4: 18029, 2018.

（16）Bohus, M., Stoffers-Winterling, J., Sharp, C. et al.: Borderline personality disorder. *Lancet* 398: 1528–1540, 2021.

（17）Leichsenring, F., Heim, N., Leweke, F. et al.: Borderline personality disorder: a review. *JAMA* 329(8): 670–679, 2023.

（18）Jauhar, S., Johnstone, M., McKenna, P.J.: Schizophrenia. *Lancet* 399: 473–486, 2022.

（19）Tang, N.K.Y., Crane, C.: Suicidality in chronic pain: a review of the prevalence, risk factors and psychological links. *Psychol Med* 36(5): 575–586, 2006.

（20）Cohen, S.P., Vase, L., Hooten, W.M.: Chronic pain: an update on burden, best practices, and new advances. *Lancet* 397: 2082–2097, 2021.

（21）木村宏之『面接技術の習得法—患者にとって良質な面接とは？』金剛出版、2015年

（22）木村宏之「精神療法家と救急医」『精神分析研究』54巻2号、127–133頁、2010年

（23）Quinlivan, L.M., Gorman, L., Littlewood, D.L. et al.: 'Relieved to be seen' -patient and carer experiences of psychosocial assessment in the emergency department following self-harm: qualitative analysis of 102 free-text survey responses. *BMJ Open* 11(5): e044434, 2021.

（24）木村宏之「専門家へのアンケート調査から」成田善弘編『境界性パーソナリティ障害の精神療法—日本版治療ガイドラインを目指して』金剛出版、2006年

第 5 章
自死遺族のこころを支える

堀川聡司

1．はじめに

　本邦において自死という形で一生を終える人は、一時に比べて大幅に減少したといわれるものの、それでも年間2万人以上と統計上発表されている。自ら命を絶つという決断をした背景には、耐えがたいほどの苦悩があったにちがいない。そして、自死者の近親者、いわゆる自死遺族もその後の人生で計り知れないほどの悲しみや苦しみ、さらには孤独や怒りを抱えて生きていくことになる。特に、自死には独特のインパクトや暴力性があるので、通常の喪失体験や喪の作業よりもその扱いが難しい。また、1つの自死によって強い精神的影響をこうむるのは、家族のみならず、恋人や友人、同僚や支援者など、広範囲に及ぶことも見逃せない。

　人類は古くから自死する生き物であった。しかし、自死遺族が抱いている思いを適切に扱うべきだといわれるようになったのは比較的近年のことで、せいぜい1960年代以降である。それほどまでに、多くの社会や宗教において自死は長らく忌避されてきたのだ。この領域の大家であるシュナイドマンは、従来の予防（prevention）と防止・介入（intervention）に加え、第三の局面として、遺族たちの苦境と事後ケア、支援、社会的対応の重要性を強調し、それをポストヴェンション（postvention）という新しい造語に託した（これは自死遺族に対する単なるこころのケアのみならず、さらなる自死

の予防という社会的な意義もある）。

　自死遺族支援におけるアプローチや心得などに関しては、既に多くの優れた提言や研究があるので[(2)(3)(4)]、本章では、支援者の主観的感覚、情動の動きにも注目して、自死遺族のこころの作業の描写してみたい。

２．死の人称性

　ここで、死という広大な領域で論じられうる事象を考えるにあたって、フランスの哲学者ジャンケレヴィッチが提唱した「死の人称性」を補助線として導入しておこう[(5)]。「死」を代名詞と同じように人称によって分類するというアイデアである。

　「一人称の死」とは他ならぬ自分の死である。私たちはみな、必ず死ぬ。この世に生を受けた時点で、少なくとも現在の常識では死ぬ運命をまぬかれない。しかし、Mors certa, hora incerta. という言葉があるように、死ぬことは確実であっても、それがいつかは誰にもわからない（余命宣告や死刑宣告によって予測できる場合もあるかもしれないが、死が確実であるほどには確実ではない）。そのため、一人称の死は常に未来形の死、想像上の死であり、この世の誰一人として体験した者がいない、けれども必ず１回だけ経験するものである。

　私たちが通常語る死は、「三人称の死」である。これは他者の死、死一般のことであり、たとえば、「フロイトは1939年にロンドンで没した」「本邦の死因で最も多いのは悪性新生物によるものだ」などという場合の死である。死は医学や哲学の文脈で語れるし、統計学的にカウントすることもできる。恐ろしいのは、この三人称の死は、個々の物語が捨象されてしまうことだ。歴史小説を読んでいると、ときにおびただしい数の戦死者や自死者の描写に出くわすが、その一人ひとりの固有の人生、その人の身近にいた人たちの悲哀や憤りを想像している読者はいるだろうか。ただ、逆説的にも、そうした個々の死に思いを馳せずに済むので、さまざまな分野の学術的処理が可能になる。

第５章 自死遺族のこころを支える　69

私たちが死を、もっとも切迫したものとして体験し、実存的に考えること
ができるのは「二人称の死」、すなわち近しい人を亡くすときである。二人
称の死は、主観的な体験としては単なる他者の死ではない。大切なあなたの
死を、別の誰かの死と入れ替えることはできない。自分の一部が失われたよ
うに感じる場合さえあるだろう。

　自死遺族の支援で持ち込まれるのは、いうまでもなく二人称の死である。
人生の一部をともにしたかけがえのない存在を自死で失ってしまった人は、
多くの場合、予期せぬ形でそれに遭遇する。それは、その他のタイプの死と
は違う様相を帯びたものになるが、それは支援者の立場からもそうである。
というのも、支援者にとっていくらその死が三人称の死だったとしても（多
くの場合、当該の人物と生前に接触していない）、個人面接で自死遺族にか
かわる場合は特に、単なる他人の死とは済ませられない体験を主観的にはも
たらすからだ。

　そのあたりを、1つの事例に沿って提示してみよう。ただしプライバシー
の観点から、いくつかの経験を複合させ多くの脚色を加えている点には留意
していただきたい。

3. 出会い

　私が懇意にしている心療内科医の紹介でやってきた30代後半の彼は、大
変緊張した面持ちで初回面接にやってきた。約1年前、ほぼ同時に妻と子を
亡くしたと聞いていたので、出迎えるときの私はいつにも増して肩に力が入
っていた。彼は静かに、そしてゆっくりとこれまでの経緯を語った。

　妻との長い不妊治療の末、ようやく子どもを授かった。これまでの努力が
報われただけでなく、「家族が3人になる」という事実が2人を何よりも幸
福な気持ちにした。しかし、妊娠中から胎児の発育は芳しくなかった。早産
で生まれた赤ん坊は低体重の未熟児で、医師からは「この子は長くは生きら
れないかもしれない」と告げられた。集中治療室に運ばれ、24時間体制で
厳重なケアが必要とされた。

妻はこの事態にたいへんなショックを受けた。肥立ちも悪く、体調不良に加えて、産後うつ状態に陥った。彼は懸命に子どもを見守りながら、妻のサポートにも全力を尽くした。仕事も家事もこなし、毎日病院に通った。

　妻は心療内科にもかかり、服薬もしたが気分の落ち込みや不眠はなかなか改善しなかった。次第に彼女の心のなかの闇は深まり、希望を見出すことができなくなっていった。彼はそういう妻をただ抱きしめることしかできず、家族を襲った受難を呪った。

　その日は突然やってきた。彼が仕事に行っている間に、妻は自ら命を絶ってしまったのだ。遺書はなかった。なんということだ！　どうして?!

　彼女が人生の最期の場所として選んだのは、廃車を決めていた自家用車のなかだった。他人に迷惑をかけまいとする彼女らしい決断に思われた。

　「どうして何も言い残さずに去ってしまったのか？」

　「どうして夫の私に助けを求めてくれなかったのか？」

　「あの日の朝、普段との違いはなかったか？　どうして何も気づけなかったのか？」

　予期せぬ事態に「どうして？」という自問が際限なく彼を襲った。しかし、悲しみにも絶望にも浸るまもなく、諸手続きに追われた。

　それから半月も経たずに、子どもも息を引き取った。この世で半年も生きることができなかった。

　彼は、人生で最も大切な２つのものを同時に喪ってしまったのだ。川の字で寝ることは一度も許されなかった。彼は夫でも父でもなくなってしまった。

　こころにぽっかり穴があいた。頭のなかはいつも荒漠とした砂漠が広がっているようなイメージだった。彼はこのときの感覚を「昼間にビジネスホテルの室内から通りを見下ろしている感覚」だと表現していた。自分は狭い密閉された空間のなかで、ぼんやりとした時間を生きているのに、外の世界では、人や車が行き来して当たり前の日常が進行している。

　一連の出来事にただ耳を傾けることしかできなかった私のもとに、言いようのない悲しさが去来した。とめどなく涙があふれ出た。

　「どうしてこんな不幸がこの人に降り注ぐのだろう？」

第５章 自死遺族のこころを支える　71

「もし自分に彼と同じことが起きたらどうなるだろう？」

「彼のおかれている状況は私こそが受苦していたものかもしれない」

「自分が自死したら、私の身近な人たちはどんな状況に陥るだろう？」

「私が生後まもなく死んでいたら、私の家族はその後どんな人生を送っていただろう？」

　当時、私の内部では、いわゆる「共感」を通り越した、はるかに混沌とした空想と同一化が繰り広げられていた。あまりにも泣きすぎて、心理士としての機能をまったく果たしていなかった。初回面接で心理士は、的確な見立てを踏まえてしかるべき指針について提案し話し合うものだが、そういった仕事を私は一切できなかった。かろうじて、彼が容易に収めることができないほどの思いや考えを、時間をかけて言葉にしていく作業を始めることを提案した。

　そもそも彼はこの1年間、ほとんど息をつく暇もなく過ごしていた。2人の死後、葬儀を含む諸手続きに奔走した。幸い、実家の親や友だち、妻の家族や同僚たちなど多くの人が温かい言葉をかけてくれた。仕事の時間だけは彼の気を紛らわしてくれたが、ときたま信じられないようなミスをしたし、睡眠も浅くなり、頭痛やめまいなどの症状にも見舞われた。アルコールの摂取量も増えていった。

　彼は自ら病院を受診し、服薬によって症状が改善した。心療内科医からは自死遺族が集まる「分かち合いの会」や個人カウンセリングも提案された。「自分は死でもってこの苦痛を解決しようとするタイプではないけど、1人でいるといろんなことが頭をよぎる」と口にしていたのを医師は見逃さなかった。

　だが、自死遺族が集まる会に参加した彼はまったく気おくれしてしまった。グループの参加者が、自死した家族を深く愛し、こころから悔やんでいること、そして死を悲しんだ末に新しく生きる意味を見出そうとしていることにこころ打たれると同時に、自分にはそこに居る資格がないように感じられたのだ。

　「本当に妻を大切にしていたのか？」「この経験を糧に生きていく意志はあ

るのか？」「自分の話は聞いてもらうに値するものなのか？」そのように問われている気がしてならなかった。会の終了後、逃げるようにして帰った。

　彼はカウンセリングには欠かさず通ってきた。あっという間に過ぎ去ったこの1年を振り返った。誰に話したとしても同情してもらえるし、誰一人自分を責めることはない。それはわかっている。そして自分は妻も息子も愛していた。それも間違いない。でもそれだけなのか？　そう自分に問うたとき、そこはかとなくこころもとない気持ちになる。

　妻と子を同時に喪ったことは、悲しいし、不幸なことだ。しかし同時に、ホッとしている自分もいる。ハンディキャップを負った子どもを育てることは並大抵のことではないし、うつ病の妻を支え続けるのも荷が重かった。

　ここが分かち合いのグループで居心地悪く思ったところだった。率直に後悔や怒りを表現できるメンバーが眩しく羨ましく思えた。もちろん自分にも強い罪悪感はある。もっとそばにいてあげるべきだったかもしれない。出生前からリスクを意識して、素直に喜べない気持ちもあった。そんなことはもちろん口にしなかったが、もし妻に伝わっていたとしたら？　無意識的に傷つけていて、自死の遠因を作っていたかもしれない。

　また、ふと自死という選択があってもいいのではないかという考えが頭をよぎる。しかし、その考えはただちに自分が責任逃れをしているだけに感じられたし、敷衍して出生前に障害がわかっているならば堕胎すればいいというおぞましい思考も生まれてくるのである。彼は自分が表面的には善良な市民だが、内実は利己的な優生主義者なのではないかとたびたび自問した。

　一般的に、分かち合いのグループでは類似した経験を持つ者が集まることによって、感情やアイデアをシェアする場を形成する。互いが互いを支え、支えられるという経験を蓄積していくことにメリットがあるが、彼の場合は、自らの内側に他者には受け入れられない後ろ暗い部分がある気がしてならず、それがどう受け取られるか、かえってメンバーの人たちを傷つけてしまうのではないかと恐ろしくなったのだ。その点、個人面接の設定では彼は本音を自分のペースで語れて性に合っていたようだが、彼の孤独感を強めてしまう側面があったのも事実だった。

彼は妻への怒りの感情を特に持て余していた。息子と自分を置いて先に逝ってしまったことだけでなく、健康な子どもを産めず、出産後元気を取り戻せず、2人で立ち直ろうと協力してくれなかったことに対する怒り、さらには長期にわたる不妊治療に付き合わされた憤りも湧いて出そうだった。その怒りが巡り巡って亡くなった子どもに向きかねないことも怖かった。

　こうした了見が狭く、ゆとりのない自分を彼は何よりも嫌悪した。自分がここまで器の小さな人間だとは思ってもいなかった。「自分の業がもたらした不幸だと思う」「ばちが当たったに違いない」そう嘆くこともあった。

4．自死遺族のこころ

　彼も赤裸々に語っていたように、自死遺族は事件直後のショックの後、怒りと孤立無援感、そして罪悪感を覚えるといわれている[6]。私の経験から思うに、これらに加えて、「再帰的な自己嫌悪」の存在に苦しめられるケースが少なくない。

　このような状況に置かれた者が、憤りや後悔や孤立感を覚えることはある意味自然といえるが、こうした感情をもってしまう自身を嫌悪してしまい、その人の苦しみがより増大する。「亡くなった人を憎んでしまう自分に嫌気がさす」「いつまでもクヨクヨして人生の時間の針を進められない」「身内を自死で亡くしたことを知人に言えない自分が情けない」。

　しかも、当該の相手はこの世にはいないので、当然話し合うこともできず、その逡巡は出口のない堂々巡りに陥りやすい。そのうえ、自死によって残された者が攻撃を受けている感覚を覚えやすいので、この袋小路から抜けるのがいっそう困難になる。

　「自死は残された者への究極の攻撃」という視点があるが、これは自死遺族を苦しめる。あるクライエントはそれを自死者による「自爆テロ」と呼んでいた。しかし、自死を6つのタイプに分類しているシュナイドマンによれば、復讐を意図としたものはその1つにすぎない[1]。必ずしも遺族が攻撃されているわけではないし、遺族に罪責があるとは限らないのだ。自死の原因は

原理的に誰にもわからない。にもかかわらず、残された者としては、そのあまりの暴力性ゆえにしばしば正面から死者の攻撃的意図を想像し、受け取ってしまう。矛先が自分に向いているように感じざるをえないのだ。

　つまり、自死遺族の苦しみの多くは、亡くなってしまった親密な人との目に見えない凄烈な投影同一化に起因する。しかも、相手は既に存在しないという非対称な状況でこの関係性に耐えなくてはならない。

　それゆえ、怒りにしろ悲しみにしろ、その情緒を一時的であれ、誰かに預かってもらうことが欠かせない。彼の場合、怒りの矛先を向けるという形で誰かに預かってもらうことは難しかった。わかりやすい「悪者」がいなかったからである。妻を自死に追いやった加害者がいたわけでも、劣悪な労働環境があったわけでも、医療ミスがあったわけでもない。容赦なく損害賠償を求めてくる家主がいたわけでも、こころない言葉をかけてくる親族や知人がいたわけでもない。みんなむしろ真摯に彼を支えようとしてくれた。逆説的にも、彼にはそれがきつかった。

　私が初回面接で経験したことがないほどまでに涙を流し、ほとんど話にならなかったのにはこうした背景があったと思われる。彼の妻子の死は私にとって三人称の死であるが、あのときの私のなかでは、紛れもなく二人称の死であった。さらに空想のなかでは、想像上の一人称の死すら思い描いていた。

　援助者は共感しつつも、「巻き込まれの度合いを抑えることが必要」といわれる。援助者が遺族と同じ土俵に立ち、同じように苦悩している限り、遺族が死別の悲しみとの向き合い方を見いだすことができない。とはいえ、初回面接の段階でのあのやり取りは、彼にとって、私たちにとって必要な経過だったように今では思っている。

　あのやり取りを通して、彼は悲哀や怒り、孤独感や罪悪感を一時的に私に預けていたのではないだろうか。通常の心理療法でも、転移・逆転移が煮詰まってくると、治療者がクライエントの情緒体験の一部を担うような局面があるが、このケースではそれがあまりに大規模であったために、初対面の時点で既に起きていたのだろう。家族を自死で亡くすというのは、突然未来が暴力的に奪われるだけでなく、世間に語りづらいために遺族が孤独に抱えざ

第5章　自死遺族のこころを支える　75

るをえない場合もあるからだ。

5．その後

　2つの喪失にまつわるさまざまな思いを語る面接は2年以上に及んだ。おおいに矛盾した情緒がたくさん語られた。世間ではおよそ話すことが許されないような内容もあった。そうしたセッションを重ねるなかで、次第に彼の感情の起伏や身体症状、情緒の動揺は落ち着いていった。妻と子に先立たれた男性として生きていく、その事実を受け入れていくしかないだろうと彼は思うようになってきていた。

　話のなかで彼の成育史やパーソナリティがいくらか見えてきた。小学校低学年の頃より、周りに合わせる、そつなくこなすということに長けている一方、ありのままの自分をさらけ出せない、実感を伴って人と接することができないという感覚を持っている人だった。受験や就職、仕事や交友関係も適応的だが、いつもどこかで疎外感を抱いていたらしい。実際、面接のなかで彼の話を聞いていても、なんとなく伝聞された情報を聞いているような気になることは少なくなかった。ひょっとすると妻との関係もいくらか距離のあるものだったのかもしれない。

　ただ、だからといって、彼にそうした自身の傾向を見つめる作業をすすめる気にはなれなかった。親密な人間関係を持てるようになりたいと望んでいるならともかく、彼は妻と子どもの喪失をいかにこころにおいてゆくか、時間をかけて取り組んでいる人なのだ。ほとんど唯一といっていいほどこころのなかを打ち明けられる関係をここで持てている以上、いたずらにインテンシブなセラピーを導入するのは、彼の支えを奪うだけでなく、有害ですらあると私は考えた。

　私たちは会い続けた。次第に、家族の死のことが取り上げられることは少なくなっていった。それでも不意に思い出させられることがないわけではなかった。たとえば、妻や子の命日や誕生日が近づいてきたときに。スマートフォンが「〇年前の思い出です」と過去の写真を表示してくるときに。事情

を知らない知人が会話の流れで家族の話題を持ち出すときに。

　仕事の都合もあり頻度は次第に間遠になっていき、ときには近況報告をするだけの回もあった。そうして何年も時が過ぎた。彼は職場や職種を変え、私も勤務先が変わった。外見や生活習慣の変化からお互いいかに歳を取ったかを指摘し合うようなこともあった。彼にはもはやこれといった大きな問題や主訴があるわけではなかったが、面接の場が移っても彼は変わらずやってきた。お互いがお互いの生存を確認するためだけに会っているのではないかという考えがよぎったことさえあった。それでも私のほうからも彼のほうからも終結の話題が出ることはなかった。

　その日は突然やってきた。約束の時間に彼が現れなかった。彼は遅刻やキャンセルの際、必ず事前に連絡をしてきたし、どれだけ頻度が少なくなっても、面接の予約日を中心に生活を構成している人だった。私からメールを入れてみたが、なしのつぶてであった。

　胸がざわついた。「まさか、彼に限って?!」「自死を選ぶようなことがありうるのか?」「最後に会った際、ひょっとして何かサインを出していたのか?」。

　心療内科に通わなくなってから久しかったので、紹介元に問い合わせることもできなかった。彼の親戚や知人の連絡先ももちろん知らないので、私はただ悶々としているしかなかった。

　彼が私に連絡をしてきたのは1ヵ月以上経ってからだった。彼は大きな交通事故に巻き込まれて、文字通り生死をさまよったという。ようやく体の自由が利くようになって、私に連絡することができた。面接にやってきた彼は、長らく連絡できず、心配をかけたであろうことを何度も謝罪した。彼は私に突然の喪失の恐怖を与えてしまったことをことさらに申しわけなく思っていた。そして「こういう形で突然に別れるのは嫌なものですね」と言い、入院中に気づいたことを話してくれた。それは、彼がここに長々と通っているのは、終結を回避したいという一点にのみであるとのことだった。私も同感だった。彼が私に依存しているだけでなく、私も彼に依存していたからだ。私たちは2人の関係の終焉を否認しているのである。

第5章　自死遺族のこころを支える　77

「今自分にここで残された課題は、このカウンセリングを終えることだと思う」。自らそう言ってくれた彼に私は同意し、終わりの作業に取りかかることにした。

6．喪失をこころに収める

およそサービス業というものは、ニーズを持った顧客がやってきて、提供者がそれに応じる、という形で成り立つ契約関係である。そのため、ニーズが満たされればその関係は解消される。カウンセリングや心理療法も例外ではないが、それなりの作業は済んでいるにもかかわらず、終結の作業が残されたまま治療関係が継続しているケースも存在する。中堅以上の心理士であれば、そういった経験はいくらかあるのではないだろうか。

彼との面接においても、当初のニーズ、すなわち、2つの喪失に伴う混乱を収め、そして日常を取り戻すという点は、とうに達成されていた。最愛の人を失った遺族はしかし、その喪失をどのようにこころに収めるかという課題も他方で抱えている。重たくて非情な事実をそのまま引き受けるという難題であり、終わりがあるのかないのかさえわからない険しい道のりである。彼の場合、何年かの経過のなかで1人で生きていくという方向性は概ね定まりつつあった。それでいても、カウンセリングを終わるという発想はなかなか出てこなかったのである。

精神分析は人が人生のなかで避けがたく体験する喪失や分離というテーマに黎明期より取り組んできた。精神分析的な設定は喪失や分離の体験を取り扱いやすいようにする装置といえるし、多くの理論が原初的な満足、満たされた状況の喪失を出発地点に据えている。喪失といかに向き合うかという課題は、人間に等しく突きつけられた課題なのだ。

私たちはともに、この課題に直面することが長らくできなかった。もともと他人に内側をさらけ出さない彼にとって私の存在は失いがたい存在となっていたし、私のほうも彼を一人で生きていってもらえるよう送り出す勇気をもてなかった。

78　第Ⅰ部 死と向き合う現場から

そこに、偶然にも訪れたのが、彼の交通事故による面接の断絶だった。心理面接をしていると不思議なほど、予期せぬアクシデントが必要なときに起きるものである。このとき、彼は「一人称の死」に接近したし、私は「二人称の死」が頭をかすめた。私たちはいかに面接の終結、お互いの存在を喪失することを否認しているか自覚した。彼は、いずれ終結するならば、時間をかけてセラピストの喪失を感じたいとはっきり思えたのである。

　あらかじめ定めた終結の日に向けて、来る喪失をこころに収める、これが彼と私が取り組んだ最後の作業だった。

7．おわりに

　どのようなクライエントにもその人が抱えてきた特有の重みや質感があるものであるが、自死遺族の面接では特に、行き場や宛先のない強烈な情緒を取り扱うことになる。自死を選んだ近親者の声のないメッセージを自死遺族は一手に受け取っているからだ。そこには往々にして激しい罪悪感や孤独、暴力性が含まれている。

　支援者は一時的、部分的に、その重みを受け止めなくてはならない。当然、支援者側は相当な逆転移を体験するだろうし、本章の事例のように区切りを見出すのに長い時間を必要とする場合もある。そうしたやり取りを経て、自死遺族のこころのゆとりを作れるように支えるのだ。その経過のなかで不思議なことに、さまざまな人称の死が支援者にもクライエントにも押し寄せてくることがある。こうした体験もこの領域の臨床の特徴といえるかもしれない。

参考文献

（1）Shneidman, E.S.: *Suicide as psychache: a clinical approach to self-destructive behavior*. Jason Aronson, 1993.（高橋祥友訳『シュナイドマンの自殺学—自己破壊行動に対する臨床的アプローチ』金剛出版、2005年）

（2）高橋祥友、福間詳編『自殺のポストベンション—遺された人々への心のケア』医

学書院、2004年

（3）平山正実「自死遺族に対する悲嘆支援者の心得」平山正実編著『死別の悲しみを学ぶ』聖学院大学出版会、2012年

（4）Andriessen, K., Krysinska, K., Kõlves, K. et al.: Suicide postvention service models and guidelines 2014–2019: a systematic review. *Front Psychol* 10: 2677, 2019.

（5）Jankélévitch, V.: *La mort*. Flammarion, 1966.（仲澤紀雄訳『死』みすず書房、1978年）

（6）三永恭平「ある自殺をめぐっての省察」『現代のエスプリ』455号、180-191頁、2005年

（7）鈴木康明「共感的態度の形成を目指して―『わかる』ということから」『現代のエスプリ』501号、96-104頁、2009年

第 6 章

自死案件を体験した学校の動揺と立ち直り

志水佑后

1．はじめに

　ある日、家で仕事をしていると1本の電話がかかってきた。
　「詳細は今すぐお伝えするわけにはいかないのですが、学校内で飛び降り自殺がありました。明後日のカウンセリングのときに、そういった話も出てくると思うので知っておいてください。今こちらは対応に追われていて忙しいのでここで電話を失礼します」
　急にかかってきた電話には教師の動揺が混じり、余裕のなさがうかがえ、その突然の電話は私に経験したことのない不安と焦りを残した。心理職をしている以上、こういった状況にはいつか出くわすだろうと心構えはしていたが、そのタイミングは突然やってきた。私は咄嗟にカウンセリングに来ていた子たちの顔をそれぞれ思い浮かべ、最後の会話を思い出しては、何か見逃していたことがあったのではないかと必死に頭を巡らせた。このときの私は単純に生徒を心配していたのか、はたまた自分の評価が心配だったのか、もはやわからず、ただただ思いを巡らせることしかできなかったのだ。
　勤務日当日、幸か不幸かそのとき思い巡らせた子が亡くなったわけではないことを知り、ほっとしたのも束の間、カウンセリング外の生徒に気を配れていなかった、むしろ、目の前の生徒や保護者で精一杯であった自分に気づいた。同時に、スクールカウンセラーの自分はある意味「学校で孤立した部

81

外者」であると一線を引いていたことに気づいたのであった。

　この気づきは私にとって、受け入れがたいものであったが、一方で、自分の役割について深く考えるきっかけにもなった。それは、自分がただの部外者ではなく、学校のこころの支えとなるべき存在であることを改めて認識させ、カウンセリングの枠を超えて、日常生活の中で生徒や教師らにかかわっていく重要性を教えてくれるものであった。そして、スクールカウンセラーである私自身もまた、互いに支え合うことの大切さを実感することとなったのだ。

　私が当時スクールカウンセラーとして勤務していた学校は、何の変哲もない普通の中学校であった。地域的に多少勉学に重きを置いている学校ではあったが、休み時間には廊下で生徒が賑わい、先生との距離も近く、部活にも熱心に取り組んでいるような生徒が多い学校だった。そんな平凡な学校は突如、1人の生徒が校内で自らの命を絶つという、言葉では表現できないほどの悲劇に見舞われることになってしまった。その日、学校は静まり返り、いつもの活気はどこかへ消え、教師たちの顔も固く強張ったままであったことは言うまでもなかった。

　事件の詳細は、該当生徒および保護者の意向を尊重して抽象的に保たれたが、その影響は目に見えないところでじわじわと広がり、学校全体がその衝撃に揺さぶられたのであった。この章では、悲しみと混乱の中で、学校がどのようにしてこの困難な状況を乗り越えようとしたかを描く。また、ここでは、学校が抱えた動揺や事後の課題について焦点を当てることとし、遺族への対応や緊急対応の手順等についての説明は割愛する。子どもの自殺が起きたときの緊急対応の仕方については文部科学省が作成した「緊急対応の手引き」などを確認すると、流れが理解しやすいと思う。[(1)]

2．学校の動揺

　事件が発生した後、生徒たちは直ちに帰宅を命じられ、まもなくして保護者会が開かれた。遺族の意思や意向も尊重する必要があるため、学校として

は出来事の詳細を伝えないことになった。しかし、大切な子どもを学校に預けている保護者の中には、その説明では十分に納得できず、「いじめ」など学校側に問題があったのではないかと疑う声も少なくなかった。実際、自死の背景にはいじめ問題はなく、そのことを裏づける遺書のようなものも見つかっていた。しかし、いじめや自殺等の事件が起こるたびに、「どうして防げなかったのか」と学校や教育委員会に責任を追及するテレビやマスコミの報道を目にする保護者たちにとって、そうした疑念が湧くのは必然なのだろう。もちろん、学校側に欠陥があったのではないかという話はカウンセリングの場でも例外なく起こり、そのたびに私も事実をありのままに伝えられないもどかしさを感じ、保護者の不安や不信感を払拭できない無力感を抱くこともあった。

　おそらく、学校側も事実をありのままに伝えられない歯痒さや、生徒を守りきれなかったつらさ、学校としての責任の果たせなさに苦しんでいたのではないだろうか。しかし、こうした状況はどの学校においても起こりうるものであり、保護者や生徒が抱く不信感も、教師が抱く自責感や無力感も当然の感情なのだろう。

　それでも、学校として最も重視していたのは、できる限り普段通りに過ごし、学校の日常活動を早急に回復させることであった。通常の学校生活を取り戻すことで、生徒たちに安心感を与え、少しでも平穏な環境を提供することを目指したのだ。また、保護者の不安や疑念を和らげるために、学校は可能な限りの情報を提供し、透明性を保つ努力も続けていた。定期的な説明会や相談窓口を設置し、保護者とのコミュニケーションを密にし、信頼関係を築くことが重要であると考えたのだろう。こうした弛まぬ努力のおかげもあり、学校は1ヵ月もかからないうちに日常を取り戻すことができていたのであった。

3．目に見えない教師の苦悩

　教師たちの絶え間ない努力にもかかわらず、時折、深い傷が色濃く残るこ

とがあった。それは水面下で動き、表向きには何の問題もないように見えているものである。しかし、いざ「自殺」あるいは「希死念慮」という言葉に直面すると、それぞれの教師たちの捉え方に相違が生まれ、それが対話の中でさらなる傷を生む原因となっていた。

　たとえば、生徒への理解や対応を考えるケース会議において、生徒への捉え方がそれぞれの教師によって異なるために、生徒を必死に支援しようと考える教師が、結果として他の教師からの反発を受け、なぜか責められてしまうことがあった。また、生徒の一周忌を迎える際には、他の生徒たちに伝えるかどうか、あるいは生徒や教師に対し生徒を偲ぶ場を校内で設けるかどうかといった議論が必ず起こるのだが、そこでも、区切りの日として一周忌を重んじる人と日常を乱したくない人で意見が対立し、それぞれの先生が傷ついてしまうこともあったのだ。結果として、本来支え合うべき話し合いが重なるたびに、教師間で敵対関係が生まれる構図ができあがってしまった。ここでは、そうした構図がどのようにできたのかについて、私自身の考察も踏まえ述べたいと思う。

4．学校現場の実情

　年々、教師たちが担う問題は大きくなり、生徒や保護者への対応が増えてきている。2024年4月からは合理的配慮という新たな制度も加わり、教師たちの業務は増え続ける一方である。そんな中、今や生徒のこころのケアや自殺の阻止まで求められるようになり、教育現場はもはや家庭や社会の役割が押しつけられているといっても過言ではない状況に追い込まれている。

　教師自身も時間のゆとりやこころの余裕があれば、それぞれの生徒が表出するストレスや援助希求を察知して、教師それぞれのやり方で生徒に向き合うことができるだろう。しかし、多忙を極める学校現場においては、教師が一人ひとりの生徒に真摯に向き合うことは困難であるといえる。

　こうした状況であっても、生徒を抱える余裕がなかったり、生徒の力量に委ねたりする教師は、一部の教師から責められ、逆に生徒を抱えようとする

姿勢が他の教師との熱量と合わずに煙たがられることもある。この場合、どちらの姿勢も間違っているというわけではない。一部の教師は、自分が介入するというよりも、生徒たち自身の問題解決能力を育てることに重点を置くこともあるだろうし、単純に生徒と向き合うのが怖い場合もあるだろう。他方で、生徒たちの問題を直接抱え込むことで生徒をサポートするという教師もいるだろう。それぞれの立場や経験によって培われた教育観も異なり、こころのキャパシティやタスク処理能力も異なるため、誰しもが生徒を理想の形で支援できるとはいえないのである。そのため、これらのアプローチは、それぞれ異なる状況や生徒のニーズに対応するためのものであり、一方が他方より優れているとはいえないし、単純にどちらかを責めればよいという話でもないのである。

　しかし、この多様なアプローチがコミュニケーション不足のまま進んでいくと、対立が生じて教師同士の仲間意識でさえ希薄化し、結果として生徒に対する支援が分断されてしまうことがある。それぞれのアプローチが理解されず、批判の対象になると、自分だけが「異質な存在」ではないかと感じ、結果として自己を孤立させ、こころを閉ざしてしまうことになる。そうすることで、会議や話し合いの場が、戦場のように感じられることとなってしまうのだろう。実際、話し合いの場が殺伐としすぎて、自死生徒への思い入れが強い担任や、生徒を支えようとする教師がその場にいられないという状況もたびたび目にしていたため、この解釈もあながち間違いではないのだろう。

　また、ひとえに「生徒を抱えきれない」といっても、ときに生徒に共感できないことは可笑しなことではないし、生徒に対する苛立ちが出てくることも可笑しなことではない。心理士であっても、時折ケースに対し愚痴をこぼすことがあり、クライエントに共感できない状況に直面することも少なくない。しかし、こうした共感の難しさすら他者と共有できなくなると、自責感や他責感につながり、教師同士が互いに傷つけ合うことになってしまう。その結果、教師が周囲から支援を受けているという感覚、つまり、教師が他の教師から「支えられている」という感覚を得られず、孤立感が増し、支援対象者である生徒に還元することがいっそう難しい状況に陥っていくのではな

いだろうか。

　おそらく、私が勤めていた学校においても、こうした流れが起こっていたのではないだろうか。日々の業務をこなす多忙な教師たちは、愚痴を吐く時間や問題を共有する余裕が十分にないことはいうまでもない。また、度重なるケース会議などは日々の業務を増やす単なる作業にすぎない場合も少なくない。ましてや、他の教師を気にかけて、こころのケアをすることはさらにハードルの高い作業だといえる。こうした状況を鑑みると、今回の出来事においても、それぞれが「死」を十分に振り返り、話し合う機会が設けられず、教師たち自身がそれぞれ傷ついたまま放置され、グリーフ（悲嘆）が解消されないまま見過ごされていたのではないのだろうか。

5．リスク回避の風潮と学校現場の課題

　こうして学校全体が疲弊し、多忙を極める中、学校ではリスクを避けようとする風潮が強まり、生徒の問題に直接触れず、家庭に押し戻すような流れがみられるようになった。校内でリストカットやレグカット、オーバードーズといった自傷行為が発生すれば、刃物や薬を取り上げ、教師たちはただ「やめてくれと願う」だけになってしまうことが多々あった。生徒が「死にたい気持ちがある」と言えば、その言葉に耳を立てて寄り添うというよりも、学校を守るリスクヘッジのために、すぐに心療内科や精神科への受診を保護者にお願いし、場合によっては、登校の禁止を命じることもあった。そして、1、2回しか行っていない病院から「死ぬ恐れはないだろう」と書かれた診断書を持参させ、その場をなんとなく収めようとするのである。

　これもおそらく、それぞれの教師たちのグリーフが癒えていないことが関係しているのではないだろうか。リスクを避けることは学校として重要なことであるし、再度こうした出来事が起こった際は、学校も再帰不可能なほどの痛手を負うことになるだろう。しかし、責任を病院に押しつけ、生徒と向き合う時間を作らずに、その場を流すことは、学校として根本的な解決には至らないのではないだろうか。とはいえ、先ほどの例のように、大事な生徒

に向き合おうとする教師が、ケース会議の場で責められ涙する場面を目にしているのであれば、その状況を作らないことに必死になることは当然ともいえるかもしれない。

そして、希死念慮や自傷行為のある生徒を保護者に預けて、責任を負わせることも、場合によっては得策といえないこともある。保護者の中には、子どもを気にかける人もいれば、忙しすぎてかかわることが負担になる人もいて、そもそも子どもと向き合うことに慣れていない人もいる。また、カウンセリングを拒否する生徒や保護者も少なからずおり、中には、カウンセリングを軽視する教師や、支援への説得を諦めてしまう教師もいるため、よりいっそう支援が遠のくこともある。こうした状況で、ただ自傷行為や希死念慮のみを止められる生徒は、結局こころの声が誰にも届かず、誰にも頼れない状況が続き、ともすれば、学校さえ恨み、孤立して余計に自傷行為が悪化することもあるのである。

6.「こころの居場所」を築くためにできること

ここで必要なのは、教師同士の絆を築き、お互いを頼り合うことではないだろうか。日常的に愚痴をこぼしたり、弱音を吐いたり、困っていることを気軽に相談し合える職場環境や人間関係が教師を支えるうえで最も重要だといえるだろう。担任が生徒を一人で抱え込まず、相談し協力することで、職員室は教師にとって「こころの居場所」となり、子どもたちも相談や助け合うことの大切さを身をもって実感できるようになる。こうした学校づくりは、自殺予防となり、教師自身をも守る大切な枠組みとなるだろう。

また、自死生徒を抱える担任のこころの痛みは言葉にならず、教師全体としても自殺の捉え方や生徒へのかかわり方の違いから傷つきが生じている。これを改善するためには、学校全体での取り組みとスクールカウンセラーの支えが必須であると思われる。以下に、カウンセラーでありながらも、内気な私が実際に取り組んだ施策について軽く紹介しようと思う。

カウンセリングの需要は年々高まる一方で、面接時間や面接回数には制限

があり、カウンセラーができることは限られている。その限られた時間の中で、できることといえば、教師に心理教育を実施し、カウンセラーと教師が定期的に連携を図る場を設けることであった。

　たとえば、一学期に一度でもケース会議や意見交換会に参加し、そこで互いの状況や問題点を共有する。これにより、カウンセラーは教師の悩みや困難を理解し、適切なサポートを提供することができ、教師もまたカウンセラーからのアドバイスや支援を受けることで、日々の業務におけるストレスや悩みの軽減を図れるのである。また、教師向けの研修を最低でも年１回、30分という短い時間で開催するようにした。これにより、教師たちは生徒のこころのケアに関する最低限の知識やスキルを身につけ、カウンセラーを知ってもらう機会ができたのだ。さらに、研修を通じて教師たちが互いに意見交換や情報共有を行う機会が自然と増えるため、「みんなで取り組んでいる感覚」も得られ、連携の強化にもつなげることができるのだ。

　加えて、カウンセラーは教師たちが気軽に相談できる存在であることを示すために、教師と普段からコミュニケーションをとる場を設けるようにした。膝と膝を突き合わせる個室での支援という枠を乗り越えて、休憩時間や放課後に校内を歩き回る時間を設け、教師を捕まえては、生徒の情報を聞き出したり、雑談を交わしたり、ときに愚痴を言い合ったり、飲み会の場にすら参加したりすることもあった。こうして、少しずつ信頼関係を築くことで、教師たちが困ったときはすぐに相談できる環境を整えるようにしていった。それぞれの教師とのかかわりを深めていくことで、生徒に向き合う勇気や余裕がない教師を非難したりせず、教師を真の意味で支援するための重要な足がかりを作ることができたのである。

　そして何より、こうしたかかわりはカウンセラー自身を支えることにも深くつながっていった。スクールカウンセラーは、学校の一員でありながら部外者でもあり、孤立した空間で、孤立した存在として支援を続けるつらさを抱えている。私自身も実際学校とは一線引かれた存在だと思っていた部分があり、「他人事」として学校にかかわらないことも多々あったのだ。しかし、カウンセラー自身も一人で抱えられない問題があり、改善できない問題があ

るのも事実だといえる。だからこそ、カウンセラーもときに本音を吐いて助けを求めてみることも必要であるし、教育の専門家である教師と連携して、サポートし合える環境を設けることが必要なのだろう。そうすることで、カウンセラーも支援の根を絶やすことなく、学校とともに踏ん張り続けられるのではないだろうか。

　ちなみに余談だが、当初学校に上記の施策を提案したときは「志水さんってそんなキャラでしたっけ？　なんか熱量がすごいですね！」と言われ、私自身も「いや、そうですよね。キャラじゃないですよね……」と苦笑してしまうほどであった。こんな私が「変わろう」「変えよう」と思えたきっかけは、心理士同士の小さなコミュニティの存在があったからだ。慣れ親しんだ心理士の顔が揃う場で、私は「どうしたらいいかわからないし、今の状況がすごく怖い」と包み隠さず言えていたのだ。そこにいる心理士たちが私の「怖さ」を聞き入れたうえで、私自身にいろんな提案をし、私の背中を押してくれたからこそ、今回の動きができたのではないかと思う。そう思うと、やはりつくづく人は１人で生きていけないなと思うし、心理士自身にも寄り添う場所が必要なのだと思うのである。

7．生徒の動揺とその対応

　週１〜２回しか学校にいないスクールカウンセラーが普段のケースを持ちながら、事後、全生徒たちの話を丁寧に聞くことはできないため、臨時で各都道府県臨床心理士会からスクールカウンセラーが派遣されることとなり、この学校でも毎日臨床心理士が在中することとなった。真っ先に亡くなった生徒の全クラスメイトや少しでもかかわりがあった子、不安が強い子に対して、カウンセリングが実施され、常時話ができる場が校内に設けられた。中には、意図せず第一発見者となってしまった子や、その場に偶然遭遇してしまった子もおり、その光景がトラウマとなって学校に通えずに転校を余儀なくされるケースもあるため、学校はこうした生徒たちへの心理的支援を急ぎ提供する必要があるのだ。

しかし、そんな生徒たちの中で、もともとカウンセリングに通ってくれていた子たちがどこか誇らしげに口を揃えて言う言葉があった。

　『人が亡くなっても案外みんな普通に過ごしているなって。もっと大事になると思っていたけど、みんな何事もなかったかのように普段の生活を送っている。こんなふうに先生とか生徒にも影響がなくて、周りの人に迷惑をかけないなら、逆にすぐ死んでもいいのかなって勇気をもらえた気がする。私が死んだところで誰も悲しまないと思う。きょうだいもいるし、私がどうにかなっても問題ないかなって』

　『ヒーローみたい。自分にはあと一歩の勇気が持てない。ただただ羨ましいし、死ねてよかったなと思う。きっと楽になれたんだろうなって。今回のことで不安になるとかはまったくないかも』

　『飛び降りるとして、もしも死に切れなかったら、体も動かないまま、その場に耐えないといけない苦しみがある。だから本当に死ねたなら、それはすごいことだと思う。SNSで自殺した人もそうだけど、みんな尊敬する』

　こういった声が絶えなかったのだ。教師たちの日常生活復帰への試みは彼らには、あまり効果がなく、「死ねた」という事実のみが先走り、死を身近なものに感じさせていた。こうした言葉を発する彼らは、もともと自傷行為があったり、「死にたい」という気持ちを持っていたりする子が多かったように思う。これを機に、自殺企図のある子や自傷している子の投稿をSNS上で見始める生徒もいれば、自傷行為に走る生徒もいて、実際に死のうとした生徒もいたのだ。

　生徒たちの不安やストレスの原因は、ストレスフルな環境、競争の激しい学業や部活動、人間関係や家庭内での問題など多岐にわたる。そうした状況の中、上手な相談先を見つけられない彼らは現在の状況が一生続くのではないかという不安を抱え、場合によっては、その原因を自分に帰属させてしまうことがある。彼らはそういった過酷で苦しい状況から逃れるための最終手段として自殺を捉え、「自殺＝痛みからの解放」と正当化することがあるのだ。少なくとも希死念慮のある生徒の中で、この自死を怖いものとして捉えていた子は私の見る限りいなかったのには、こういう背景があったのではな

いだろうか。

8．近年みられる若者の問題

　近年「なんかしんどい」「なんか苦しい」という理由でSNSに自傷行為を投稿する学生も増えている。感情を抑圧することが習慣化すると、彼らは自分の内面と向き合う方法を見失い、代わりにSNSや自傷行為を通じて感情を表現しようとする。こうした行為は一種のSOSであり、他者に自分の苦しみを認識してもらいたいという切実な願いの表れでもある。しかし、それがエスカレートすると、自傷行為が自己表現や、自己価値の証明、他者からの共感や注目を得る手段と化し、SNS上での「ヒーロー化」現象が生じてしまうのだ。

　実際、SNS上での自傷行為等の投稿は、他者からの反応や共感を得る手段として機能するが、その背後には深刻な孤独感と無力感が隠れていることが多い。彼らは、自分の感情が正当に扱われることを望み、誰かに認めてもらいたいと強く願っている。しかし、リアルな人間関係の中でそれを得られない場合、彼らはバーチャルな世界に逃避し、自傷行為や自殺を「見せる」ことで存在感をアピールしようとするのだ。これにより、生徒たちの感情表現の方法は歪み、真の感情理解や自己成長の機会が奪われる可能性が出てきてしまう。また、同じような境遇の生徒たちが影響を受け、自傷行為や自殺のリスクが増大するという悪循環が生まれる恐れもあるのだ。

　そのため、教育現場や家庭では、感情教育の重要性が再認識される必要があると思われる。生徒たちが自分の感情を適切に感じ、認識し、健全な方法で表現できるよう支援することが求められる。具体的には、感情について話し合う時間を設ける、感情の表現方法を提供する、学校内での心理教育プログラムを実施する、カウンセリング利用を推奨する、などの取り組みが考えられる。先ほど言ったように、教師たちが素直に感情を出せる場を設けていることは、上記の働きかけをする際にも大きな助けになるだろう。

　不登校や別室登校の生徒が自分の感情や思いを表現できるよう、別室での

レクリエーション等の時間を設け、生徒同士が話しやすい環境を整える対策も有効である。さらに、SNSの適切な使い方を学ぶことで、生徒たちがSNSを感情表現の唯一の手段として依存しないようにすることも重要だといえる。また、学校以外の機関と連携し、学業以外にもさまざまな活動に触れ合う機会を設け、自己表現の場を増やし、自信をつける機会を提供することも、自己肯定感を高める助けとなるだろう。

　生徒のこころのケアや自殺予防には、保護者の協力が欠かせない。家庭環境が生徒に与える影響は大きく、コミュニケーション不足やストレスが精神的健康に悪影響を及ぼしやすい。そのため、カウンセラーは保護者向け説明会も開催する必要があるだろう。保護者が少しでも子どものこころの状態を理解し、適切なサポート方法を学ぶことで、学校とも連携しやすくなり、親自身も苦しみを一人で抱えずに済むことになるだろう。また、保護者への直接的な働きかけが難しい場合は、教師や生徒からの情報をもとに保護者をアセスメントし、適切なアプローチ方法を考えることも重要だろう。これにより、生徒への支援が包括的となり、学校の雰囲気もより改善されるだろう。

9．おわりに

　私たち心理士はリアルな人間関係と率直な言葉を交わす場を常に持ち続けるべきだろう。ときには一人では歯が立たないこともあるが、自ら相談できる場を確保しなければ、必要な援助を周囲に伝えることも難しく、心理士自身も感情を適切に処理できなくなってしまう。だからこそ、私たちは職場内に限らず心理士同士やスーパーバイザーとの関係を通じて、他者に頼れる場や感情を率直に表現できる場を設け、一人で抱え込まず感情を共有し、支え合うことが必要なのである。心理士が自分の感情に正直であり続けることで、クライエントは心理士が感情に対してオープンである姿勢を感じ取り、自らも安心して感情を表現できるようになる。これは、クライエントの問題解決や成長にとって非常に重要な要素である。そして、リアルな関係性を通じて自らの感情を整理することで、心理士自身も成長し、より多くの人々を支え

る力を身につけることができるのだ。

　最終的には、子どもたちが安心して自分の感情を表現でき、「生きる意味」を見つけられるような支援を心がけることが重要である。困難な状況においても立ち上がる力を身につけ、自分の未来に希望を持ち、目標を持って日々を過ごせるような環境作りが、最も効果的な自殺予防対策となる。これには、学校教育だけでなく、家庭や地域社会、国全体での取り組みが必要である。生徒たちが「なんかしんどい」という気持ちを抱えたときに、それを素直に話せる場があり、その気持ちを真摯に受け止め、支える大人がいることが、彼らの命を守るための最も大切な要素となるのではないだろうか。そして、その足がかりを作ることができるのも、心理士の仕事なのではないかと私は考える。

参考文献
（1）文部科学省「子どもの自殺が起きたときの緊急対応の手引き」2010年（https://www.mext.go.jp/content/20210701-mext_jidou01-000016513_010.pdf）［2024年5月20日取得］
（2）祖父江典人、細澤仁編『寄り添うことのむずかしさ―こころの援助と「共感」の壁』木立の文庫、2023年

第 7 章

クィアと死
──二重の生の否定とレズビアン・ファルスの臨床的応用

日野　映

1．はじめに

　ジェンダーやセクシュアリティの悩みと「死」は近い関係にある。実際に
10代のLGBTQIA＋当事者の48％が自殺念慮を抱き、14％が実際に自殺未
遂を経験しているというデータが存在する。[12] これは同年代男女の自殺率や自
傷率と比べても高い結果であり、国外の調査研究を見ても、[4] やはりジェンダ
ーやセクシュアリティの面で社会的に周縁化された者の自死リスクは高いと
いえる。その主な原因はこれまで、マイノリティ者特有の反すう的な認知パ
ターンや、マイノリティであることに起因する社会生活上のストレスである
とされてきた。[11][13]

　筆者の臨床経験からしても、レズビアンやゲイやトランスを自認し、自ら
のジェンダー、セクシュアリティへの悩みを持つクライエントと出会うと、
多くの場合、希死念慮や漠然とした生への虚無感などが語られ、自傷行為が
常習化している。

　当然、心理療法内で認知パターンなどへの自己理解を深め、対処スキルを
伸ばす介入や、環境調整的な支援も行っている。いずれも重要であることは
間違いないものの、それが提供され目の前の事態が改善してもなお、漠然と
「死にたい」という想いを拭えないクライエントが多い。そもそも、クライ
エントは、特にマイノリティであることに悩んできたクライエントは、サバ

94

イブのプロである。日常のなかでさまざまな試行錯誤と自己分析が行われてきており、プラクティカルな介入が重要であることは強調してもしすぎることはないものの、それだけでは解消されない深い実存的な問いが扱われることが多い。

そもそも考えてみれば、性という主題は死と表裏一体的な関係にある。性を媒介し種を継続させる有性生殖生物である限り、個体は再現不可能な多様な生命パターンのなかの1つとして死を迎える運命にある。[8] 性が死を、死が性を駆動させる以上、ジェンダーやセクシュアリティなど性を主題としたテーマを扱うということは、死に限りなく接近するということでもあるだろう。

2．死とジェンダー・セクシュアリティ

つまるところ、フロイトの精神分析が扱ってきた主題は、この個体に内在された性と死の表裏一体的な原則の解明であったといえる。フロイトによると、性のあり方が形成される過程には、死に限りなく接近するメランコリー概念が深くかかわっている。

フロイトは「喪とメランコリー」[6] (1917) で、愛する対象が死んだとき、人がなぜ重篤なうつ症状や自死を引き起こすメランコリーに陥るのかを、メランコリー的同一化という概念で説明した。それは人が愛する対象を失ったとき、その対象を体内化（incorporation）し自己の構造内部に留めることで、喪失体験を克服しようとするメカニズムである。このとき、愛する対象に本来向けていた怒りや悲しみが、同一化を通して自己に向き変えられることで、メランコリーに陥る。

しかし、続く「自我とエス」[7] (1923) のなかでは、メランコリー的同一化の射程を広げ、病理的位置づけから自我の「性格」を形成する不可欠な要素として再考している。無論、フロイトは「ジェンダー」や「セクシュアリティ」といった現代的用語ではなく自我の「性格」と表現しているものの、「豊富に恋愛経験を積んできた女性の場合には、概して、その性格特徴のうちに対象備給のさまざまな残留物が容易に見出せる」(257頁) と述べてい

第7章 クィアと死　95

る通り、ここでいう自我の「性格」は性愛的欲求の方向性、つまり今日でいうセクシュアリティを意味しているといえる。また、同一化対象の性別を素材に自我を形作るという点で、ジェンダーという要素も含まれることとなる。

　以上からわかる通り、「自我とエス」では「喪とメランコリー」より複雑なメランコリー的同一化のプロセスが想定されるようになる。というのも、単純な図式で理解すると、最初の性愛的対象となる母を近親姦タブーにより喪失し、その失われた母へのメランコリー的同一化を通して喪失した母と同様のジェンダー、セクシュアリティを獲得することになる。しかしそうだとすると、男児の発達の場合、同性愛が形成されることになり、大多数の人間がシスジェンダーの異性愛者になるプロセスを説明できないからだ。そのため、フロイトはメランコリー的同一化に先立ち、委託型対象選択と一次的同一化を想定することで、この理論的な矛盾を修正する。乳房を吸引するなど、性欲動が生命維持を目的とする自我欲動に結びついて体験されるという委託型対象選択は、幼児の最初の対象選択を母に方向づける。

　また幼児はメランコリー的同一化に先立って、一次的同一化を果たす。この一次的同一化の対象としてフロイトは注釈で「両親への同一化」であり、それは母の「ペニスの欠落」を認識できないゆえの「両親」であると説明している。つまり、一次的同一化の対象は「ペニスを持つもの」であり「父」だといえる。⁽¹⁰⁾

　いずれにせよ、発達の早期における母への対象選択と父への同一化が、その後、同一化を通したジェンダー、セクシュアリティ形成過程を方向づける。男児は父に一次的同一化し母を欲望するが、それは叶わず母の喪失をめぐり父への同一化を果たし異性愛男性となる。女児の場合も同様に、父に一次的同一化をし母を欲望するも、ペニスの有無をめぐり（悪名高い概念である）「ペニス羨望」に陥り、父を欲望する異性愛女性になる、というプロセスだ。

　当然、フロイトのジェンダー、セクシュアリティの発達理論は後述する通り問題点も多い。しかし、ここで強調しておきたいのは、委託型対象選択、つまり自身の生を可能にし、同時に委託的に性を満たす対象選択の喪失という危機の克服過程に人の性は形作られるということである。ジェンダー・セ

クシュアリティ形成はまさに、生死をかけた主題のなかで生まれる産物であり、死が性を駆動する結果なのだ。[(8)]

3．フロイトの遺したクィアの余白

　無論、「自我とエス」内でフロイトが想定しているのは異性愛、シスジェンダーの発達であるが、それ以外のジェンダー、セクシュアリティの発達をまったく考慮していなかったわけではなかった。そもそもフロイトは人の性は本来的に両性的でクィアなものであるとしているため[(5)]、メランコリー的同一化の過程も「両性性」概念を接続させることで、多様なセクシュアリティのパターンを射程に入れている。

　両性性概念が導入されることにより、父母とのメランコリー的同一化過程もまた両性的に二層構造を成すこととなる。つまり、男児でいえば、母の喪失と父への同一化の裏で、逆に父を喪失し母へ同一化する経路も進行するのだ。この父母との三角関係で展開する「表」と「裏」２つのエディプスのドラマが、「より完全なエディプスコンプレックス」の達成につながるとフロイトは考えた。それは異性愛、シスジェンダーの患者であれ、部分的に同性愛傾向やトランスの傾向が顔を覗かせることがあるというフロイトの臨床実感に基づいたものであった。

　このフロイトの論に沿った場合、表と裏が逆転した状態が同性愛やトランスの発達経路となる。つまり、表で喪失対象と同一化する対象が同じという、「喪とメランコリー」で想定するシンプルな構図のメランコリー的同一化が生じ、同性愛やトランスの者はメランコリーに陥ることとなる。そう考えれば、ジェンダー、セクシュアリティの面で社会的に周縁化された者が実存的に死に接近しているという冒頭の印象を説明できる。形成されたジェンダー、セクシュアリティは喪失した、死んだ対象の形見であり、そこには常に死の予感が纏わりつく。

　しかしながら、ここで新たな問いが生じる。この「表／裏」を逆転させる条件は何なのだろうか。その点をフロイトは、個人の両性性のなかで「男性

第7章 クィアと死　97

気質」「女性気質」のどちらの「素質」が強いかに決定され、多くの場合は異性愛に発展する「素質」を備えているとしてまとめた。この「素質」が問題である。フロイトはこの「素質」について「――それが何であるかはともかく――」（261頁）と詳細な説明をせぬまま論を進めていく。結局のところ同一化とジェンダー、セクシュアリティ形成の始点となる「素質」はブラックボックスのままだ。

　字義通りに取るならば、フロイトの理論は生得的な決定因子があるとする本質主義的な理論になる。しかしそうだとすると、同性愛やトランスは生得的にメランコリーに陥るように宿命づけられているということになるし、その後の対象関係というある種の社会関係のなかでメランコリー的同一化を通しジェンダー、セクシュアリティが構成されるという構築主義的な理論展開は無駄になる。

　このように、フロイトの同性愛に対するスタンスは、多数の著作からも読み取れるように、常に余白を残す曖昧なものであった。その後、精神分析カルチャー内では主にラカン派と対象関係論学派が、精神分析カルチャーの外ではクィアスタディーズの哲学者たちが、この余白を埋める試みをしてきた。しかしながら、多くの場合、フロイトのマジックワードである「素質」を解剖学的理解へ、もしくはペニス中心主義へ還元し、異性愛規範と男女二元論を強化するか、臨床から離れた思弁的な議論に留まっている[9]。そのためここからは、事例の提示を通して、この課題に対する筆者なりの回答を試みることとする。

4．Aさんとの事例

　事例は「死にたい。生きている意味がわからない」という主訴を持って来談した、20代のAさんとの心理療法過程である。Aさんの保険証の性別欄は「女性」に分類されており、インテーク時にも自身を「女性」自認であると答えていた。

　Aさんは専業主婦の母と、単身赴任で不在がちな父親のもとで育った。明

るくオープンな性格の母は、その明るさゆえにＡさんの悩みやネガティブな話を扱えず、「気にするな」と矮小化することが多かった。また、家父長的雰囲気の強い家庭で、「お嫁さんの修行」とＡさんも母の料理を手伝うことが多かった。

　きっかけがあったわけではないというが、Ａさんが中学生になる頃には友人もおらず孤立しており、その後不登校となる。その頃から漠然と「死にたい」と思うようになり、自傷行為を始めた。中学校卒業後はアルバイトなどに挑戦するも、どれも長続きせずに居心地が悪くなって辞めてしまうということを繰り返し、その都度自信をなくした。

　両親はＡさんのことを心配し、職探しなどのサポートに尽力してくれたものの、両親がかかわればかかわるほどＡさんの希死念慮と空虚感は強くなっていった。そんなＡさんを見兼ねた母の勧めで、Ａさんは半ば強引にセラピスト（以下、Th）の所属するクリニックに来院することとなった。漠然とした抑うつ感という主訴に、主治医は「抑うつ状態」と診断を下し、少量の投薬治療を行いながらの心理療法適用と判断した。

　面接を開始するが、Ａさんは終始受け身な応答のみで、主訴についても「なんとなくそう思ってしまう」という漠然とした語りしか得られなかった。ニーズもモチベーションもないように見えたが、Ａさんは遅刻や休みもせず来談しており、Thにとっては不思議であった。自死リスクは以前高いものの、漠然とした語りからThも十分なケースフォーミュレーションが行えないまま綱渡りのような面接が続いた。

　数回の面接を重ねた頃、これまでの対人関係の話題の流れで、Ａさんはこれまで性的、恋愛的に惹かれる相手は女性であったということをThにカミングアウトした。「自分がトランスなのか、レズなのかよくわからない。時期によって変わるけど、なんかどれも違う。失敗作なんだと思う」。数回の面接でThの言動をチェックし、カミングアウトをしてもいいと思えたが、いざしてみるとThを困らせてしまっているようで申し訳ない、ここに居てはいけないのではないか、とＡさんは混乱していた。Thはジェンダー、セクシュアリティの揺らぎ、そしてそれを誰とも共有できないことが希死念慮

第7章 クィアと死　99

につながっていると見立て、それをテーマに心理療法が取り組まれることとなった。

　しかし、心理療法が開始されるとＡさんは「やっぱり自分は（シス）女性かもしれない」と一転、フェミニンな服装を身に纏って来談するようになった。そして、昔は母に「可愛い」と言われていた、学生時代に複数の男の子からアプローチを受けたことがあるなど、自身がいかに「女性的」であるかといった話をするようになった。やや躁的な印象で、語られる量のわりに表面的な面接が進んでいる感じがした。

　Ａさんはかなり早い時間から待合室に待機しており、Ａさんの前の女性クライエントが面接を終え、会計をしているところをＡさんが見ていることにThは気がついた。その日Ａさんは、昔から単身赴任の父が帰ってくると、母の化粧が厚くなり、気合いを入れて夕飯を作ること、そこでなぜか居心地の悪さを感じていたこと、そしてそんな日は親に気づかれないように夜な夜な散歩に出かけていたというエピソードを語った。「クィアなＡさん」が両親の異性愛的空間から締め出されてしまったように、女性クライエントとThが使用するこの面接室も異性愛的空間として「クィアなＡさん」は締め出されてしまうようだった。Thがこの理解を伝えると、Ａさんは自分の同性愛の可能性について話してもどうしようもない、何も生まれないと憤った。

　そこからＡさんはメディアに登場するLGBT活動家などを辛辣に批判するなど、クィアに対しての締め出しを図るときはあるものの、自身のクィアな部分にも触れた語りが行えるようになっていった。自傷行為もなくなりつつあった。

　しばらくするとＡさんに、バイセクシュアル女性の恋人ができた。ネット上の関係であり、まだリアルでは一度も会ったことはない相手だった。そこからＡさんはThの装いに興味を持つようになった。ＡさんはThの服はどこで手に入るのか、髪型はどのようにセットするのかなど質問を重ねた。Ａさんは髪を切り、メンズの服装で面接に現れるようになった。

　不思議なことに、ThはこのときＡさんを「トランス男性」として認識するようになっていた。そしてＡさんのこれらの行動化を面接で扱うことなく、

メンズファッションの知識について教えるようになっていった。また、バイト先での細かな人間関係のストレスの話題では、マイノリティストレスなどについての心理教育を行っていった。この時期、現実的な社会生活の話題とプラクティカルな介入がメインの面接になっていった。ThはそれがAさんにとって役に立つものであると思っていた。

しかしながら、Aさんの状態は悪化し、自傷行為が再び行われるようになった。また、バイト先の人間関係を中心に対人交流の被害的な受け取り方が強まり、混乱していた。ThとAさんはそれをパス度の問題に紐づけて理解し、実際に受診にはつながらなかったものの、性別移行に向けたジェンダークリニックの受診なども検討した。しかし、いずれも事態は改善せず、ThはかかわればかかわるほどAさんを追い詰めているような感覚に襲われ、面接は停滞した。

ある面接で、Aさんが最近BL漫画（ボーイズラブを描く漫画）にハマっているということが話題となった。AさんはBLの性交シーンではなく、顎の描き方やキャラのペアリングなどに興奮を覚えるのだという。「伝わらないですよね」Aさんは苦笑していた。Thはてっきり性交シーンを重視しているものだと思っていたのだが、考えてみれば、肛門性交もペニスの挿入を中心とした異性愛的性交のパロディであり、Thは結局のところ異性愛規範からAさんを眼差していたことに気づかされた。

同時に、「トランス男性」というミスジェンダリングと性別移行への積極的な介入やプラティカルな介入も、Aさんに異性愛世界への参入を促す逆転移による行動化である可能性が浮上した。Thは以上の理解から、Thが「お嫁さん修行」をさせ「気にするな」という母のように、Aさんに異性愛的規範への適応を押しつけていたのかもしれないという解釈を伝えた。「小さいとき、母はピンクの服をいつも着せてきた。近所の男の子の青いヒーローもののTシャツが羨ましかった。でもその後気づいたけど、本当は青いドレスが着たかった」Aさんのこの語りがすべてを物語っていた。

そこからAさんは徐々に落ち着いていった。母がAさんの推している女性アイドルグループにはまり、2人の平和な交流が生まれたことも大きな要因

第7章　クィアと死　101

のようだった。おそらくそこに母の同性愛的傾向が読み取れたことも、Aさんの厳しいクィアへの禁止を緩めたのだろう。最終的に、Aさんはブッチ・レズビアンに暫定的ではあるがアイデンティファイした。そして時間をかけて周囲の理解も得て、バイト先にそのまま就職していった。

5.「同性愛タブー」と「二重の生の否定」

　先に述べた通り、フロイトはジェンダー、セクシュアリティ形成の決定因子として「素質」を想定した。つまり、その具体は定かではないが、異性愛と同性愛には生物学的差異があるということだ。

　しかし、バトラーは、この一見生物学的事実に見える「素質」なるものは、原因ではなく「同性愛タブー」によって構築される結果であると分析した。それはどういうことか。同一化の過程で体内化される対象は、自我の性格を形成するのと同時に、幼児のなかに理想自我、ないしは超自我という道徳的作用を及ぼす。幼児が同一化する対象は、異性愛規範の優勢な社会を生きる異性愛的両親カップルであるため、そこから要請される道徳は、男女の異性愛規範であり、同性愛の禁止である。つまり、エディプスコンプレックスを駆動する近親姦タブー以前に、幼児をエディプスのドラマの舞台に上げるための「同性愛タブー」があるのだ。

　このように、同性愛タブーを要請し異性愛の覇権を強める異性愛マトリックスにしたがって、性的欲望が「定置（disposed）」される。この定置が人間の身体を統制した結果、あたかも生物学的事実に見える「素質（disposition）」が構築されることとなる。

　つまり、フロイトが想定したように異性愛と同性愛に生得的な差異（「素質」）があるのではなく、同性愛タブーという異性愛文化的圧力がそのヘゲモニーを拡大させるために、あたかも異性愛と同性愛に生物学的基盤があるような言説を構築し、それが個々の身体に自然化された形が「素質」なる概念だといえる。これがバトラーの理論である。今日まで同性愛のバイオマーカーが発見されていないのと同様に、異性愛がノーマルな人間発達とする言

102　第Ⅰ部　死と向き合う現場から

説もまた空の枠組みだといえる。

　Ａさんの心理療法過程も、この「同性愛タブー」をめぐる苦悩がその主題であったと考えられる。母の異性愛の強制と同性愛の禁止は、何度もＡさんを異性愛マトリックスに吸収し、それは「失敗作」という、生物学的事実としての欠陥の感覚をＡさんのなかに構築していた。それはThとの面接過程のなかでも何度も再演され、最終的にThによる「トランス男性へのミスジェンダリング」という失錯行為と性別移行手術の検討という誤った介入につながっていった。ＡさんもThに同一化し、その文化圏への適応を試みるも、それは結局ThがＡさんに「かかわればかかわるほど追い詰める」事態にしかつながらなかった。これは、異性愛マトリックス下にＡさんを囲いこもうとする母、そこに居場所を持てないＡさんという親子関係のエナクトメントであったと考えられる。

　結局のところ、Ａさんのニーズは二元的な性別境界のトランスではなかった。ゲロヴィチはクィアクライエントへの豊富な分析経験から、クィアの多くは「性別の二元性を超えたい」という欲望ではなく、「私は存在する」という存在論的安定性へのニーズを持っていることを指摘している。つまり、そこでは男か女か、ゲイかトランスかといった性のカテゴリーをめぐる問いではなく、生きるか死ぬかというより実存的な問いがあるのだ。

　それはなぜか。ここまでの議論を振り返ると、異性愛、シスジェンダー以外の道をたどるということは「二重の生の否定」があると筆者は考えている。バトラーの理論に沿うと、フロイトの異性愛へ方向づける「素質」も生物学的事実、本質主義的な説明基盤をなくし、同性愛は本来的にクィアな人間の性発達の一つの構築パターンに過ぎないことになる。しかし、異性愛マトリックス社会において、同性愛的同一化過程をたどることは「禁忌を破ること」につながる。つまり「生きられない性／生を生きる」という矛盾した事態に陥るのだ。さらに、先述した通り、それはメランコリー的同一化による「死んだ対象を体内化」するという、メランコリーのリスクを抱えることでもある。つまりここにおいても「生きられない性／生を生きる」ということが生じる。この「二重の生の否定」が、Ａさんの存在論的不安定さの基盤に、

第7章　クィアと死　103

そして主訴の本質的な問いかけであったのではないだろうか。

　そしてピンクのドレスでも青いTシャツでもない「青いドレス」を着たかったという、母の選んだドレスを自らも選びながら、そして同時にピンクのドレス／青いTシャツという異性愛マトリックスにも回収されない、「生きられない性／生」を生きたいという欲望を自覚したとき、Aさんのなかに「私は存在する」という手応えが感じられたのではないだろうか。

6．レズビアン・ファルスとしてのBL漫画

　最後に、Thがエナクトメントに気づく契機となった「BL漫画」について考察したい。

　ThはBLで描かれる物語は終盤の性交シーンが最も性的興奮が生じるポイントであると認識していた。いうまでもなく（同性愛の物語ではあるが）ペニスを中心とした異性愛規範的な読み取りである。しかし、Aさんにとって最も性的な魅力を持ち重要であった要素は、「顎の描き方」や「キャラのペアリング」などであり、クライマックスの性交シーンは数あるBL漫画の魅力の1つに過ぎなかった。この性の重みづけの差異が非常に大きな意味を持っていたと筆者は考えている。

　異性愛マトリックスにおいては、性源域（性感帯）がペニスを中心に統制され、異性愛と生殖の主体として形成されることが発達の到達点とされる。[1]この、発達の到達点としてのペニスのように、意味作用を創出し所定の性主体を形成する動力源をラカン派は「ファルス」と呼ぶ。先のメランコリー的同一化プロセスを換言すると、男児は母の喪失の契機となった父のペニス＝ファルスを「持つ」ことで、その喪失を克服し男性となる。一方、女児はペニス＝ファルスを「持つ」ことはできないため、母の欲望の対象であるペニス＝ファルスに「なる」ことで喪失を克服し女性となる。ここでは常に、ペニスが中心的な役割を担っている。異性愛マトリックスはいわばペニスにファルスという特権的な意味を、そしてそれを持つ「父／男性」に特権性を付与する文化的装置なのだ。

バトラーは、この異性愛と男性に特権性を与え、その他のクィアな性源泉を抑圧する異性愛的ファルスを解体するため、そのオルタナティヴとして「レズビアン・ファルス」を提唱している。Ａさんとの心理療法過程におけるBL漫画は、まさにこのレズビアン・ファルスであったと考えられる。「レズビアン・ファルスは、『持つ』と『である（なる）』の秩序を横断するもの」（114頁）である。ここでは「持つ／男性」と「なる／女性」の二元性が相互排他的関係ではなく併存した形を取る。Ａさんにとって、肛門性交シーン（つまりペニスを性源域とする異性愛的性実践のパロディ）は必ずしも中心ではなく、むしろ「顎」や「キャラのペアリング」などの他の要素がＡさんを興奮させていた。ファルスに一元化されない、多様な性源域の興奮と性実践を提供してくれるものがＡさんにとってのBL漫画であったのだろう。

　そしてその理解は、エナクトメントへの解釈という治療的な瞬間を生み出し、「青いドレスを欲望するＡさん」が発見された。また、その後、女性アイドルグループを母と応援することにより母とのつながりが回復していったことも興味深い。ベンジャミンは男女二元性の排他的区分から、性別を交差する同一化（the cross-sex identifications）を経て多様で柔軟な成熟した性主体が形成されるとした。女性アイドルを応援するＡさんと母は、まさにクロスセックスした、プレイとしてのレズビアニズムを楽しんでいるようにも映った。より柔軟で成熟した性主体がそこにはある。

　以上のように、ファルスの異性愛的規範を攪乱、解体させ、想定外のファルスの複数性と多様性を再配置し、新たなクィアな身体と主体を発見していくレズビアン・ファルス的機能をBL漫画は担っていたといえるだろう。

7．おわりに

　本論考では、ジェンダー・セクシュアリティの面で社会的に周縁化された者がなぜ死に接近するのかという問いを、Ａさんの事例を通して主にフロイトとバトラーの理論を中心に考察してきた。そしてそこには「二重の生の否

定」があること、そしてその苦難の打破に「レズビアン・ファルス」概念の臨床的応用が有効である可能性を示唆した。フロイトが残した同性愛をめぐる余白が、いまだ議論に決着がついていないように、日本の精神分析カルチャーでもジェンダー・セクシュアリティ、特に社会的に周縁化される性についてはおそらくまだ大きな余白がある。本論考がその余白を埋める１つとして、わずかでも誰かの臨床実践の役に立つことを願い、本論考を締めるとする。

　本論考の作成にあたり一部、科研費（JP21H05174）の助成を受けたことを付記しておく。

参考文献

（１）Benjamin, J.: *Shadow of the other: intersubjectivity and gender in psychoanalysis*. Routledge, 1998.

（２）Butler, J.: *Gender trouble: feminism and the subversion of identity*. Routledge, 1990.（竹村和子『ジェンダートラブル—フェミニズムとアイデンティティの攪乱』青土社、1999年）

（３）Butler, J.: *Bodies that matter: on the discursive limits of "sex"*. Routledge, 1993.（佐藤嘉幸監修、竹村和子、越智博美他訳『問題＝物質となる身体—「セックス」の言説的境界について』以文社、2021年）

（４）Cochran, S.D., Sullivan, J.G., Mays, V.M.: Prevalence of mental disorders, psychological distress, and mental health services use among lesbian, gay, and bisexual adults in the United States. *J Consult Clin Psychol* 71(1): 53–61, 2003.

（５）Freud, S.: Drei Abhandlungen zur Sexualtheorie. *G.W.V*, pp.27–145, S. Fischer, 1905.（渡邉俊之訳「性理論のための三篇」渡邉俊之責任編集『フロイト全集6』163–310頁、岩波書店、2009年）

（６）Freud, S.: Trauer und Melancholie. *G.W.X*, pp.427–446, S. Fischer, 1917.（伊藤正博訳「喪とメランコリー」新宮一成、本間直樹責任編集『フロイト全集14』273–294頁、岩波書店、2010年）

（７）Freud, S.: Das Ich und das Es. *G.W.XIII*, pp.235–289. S. Fischer, 1923.（道籏泰三訳「自我とエス」本間直樹責任編集『フロイト全集18』1–62頁、岩波書店、2007年）

（ 8 ） Gherovici, P.: *Transgender psychoanalysis: a lacanian perspective on sexual difference. (english edition)*. Routledge, 2017.

（ 9 ） Gulati, R., Pauley, D.: The half embrace of psychic bisexuality. *J Am Psychoanal Assoc* 67(1): 97–121, 2019.

(10) Kristeva, J.: L'abjet d'amour. *Tel Quel* (91): 17–33, printemps 1982.（棚沢直子、天野千穂子編訳『女の時間』勁草書房、1991年）

(11) Meyer, I.H.: Prejudice, social stress, and mental health in lesbian, gay, and bisexual populations: conceptual issues and research evidence. *Psychol Bull* 129(5): 674–697, 2003.

(12) 認定NPO法人ReBit「【調査速報】10代LGBTQの48％が自殺念慮、14％が自殺未遂を過去 1 年で経験。全国調査と比較し、高校生の不登校経験は10倍にも。しかし、9 割超が教職員・保護者に安心して相談できていない。」PR TIMES、2022年（https://prtimes.jp/main/html/rd/p/000000031.000047512.html）

(13) 佐藤洋輔、沢宮容子「同性愛者・両性愛者の抑うつ・不安を高める媒介モデルの検証」『心理学研究』89巻 4 号、356–366頁、2018年

第 8 章

福祉現場で死に直面する支援者の支援

浜内彩乃

1． はじめに

　最初に私の立場を明らかにしておきたい。私は臨床心理士として臨床現場
に携わってきたが、福祉現場での勤務を機に、精神保健福祉士、社会福祉士
を取得し、現在は精神保健福祉士、社会福祉士を養成する大学の専攻で教員
をしつつ、カウンセリングルームを開業している。こうした経歴のなか、学
生を指導したり、スーパービジョンを行ったりする機会を多く経験してきた。
　臨床現場におけるさまざまな「死」については、これまでの章で各執筆者
によって述べられている。病気、事故、事件、災害、寿命、自殺など、世の
中には多くの「死」があり、対人援助職をしていれば、さまざまな「死」に
出会う機会は必然的に多くなる。そして対人援助者の多くが、死にゆく人々
への治療やケアの過程で、心的なストレスや外傷を受けるとされ、デス・エ
デュケーションが対人援助職に必要な教育であるとされている。デス・エ
デュケーションを行ったり、対人援助者のケアを行ったりすることもまた、対
人援助職の役割でもある。近年では、震災の被災者への支援を行う支援者へ
のケアが注目されたり、支援者のバーンアウトやメンタルヘルスに関する研
究なども多く見受けられる。本章では、学生指導やスーパービジョンをもと
に、福祉現場で死に直面する支援者を支える方法について考察を行う。なお、
登場する学生やバイジーの話は、実際の話をもとに、影響のない範囲で加工

していることをご了承いただきたい。

2．予期されている死と予期されていない死

　支援者がクライエントの死に直面するパターンは複数あるが、ここでは大きく2つに分類する。クライエントの死がある程度予期されているパターンと予期されていないパターンである。

（1）予期されているパターン
　予期されているパターンとしては高齢者福祉領域が多く、介護老人福祉施設の職員は多くの死に直面する。高齢者が亡くなる場所は、病院が80％を超えているが、介護施設等と自宅が急増している[3]。その背景には、高齢者が増え続けている現状に合わせ、国が在宅医療を推進し、2006年には介護老人福祉施設での看取り介護加算を創設したことがあげられる。介護老人福祉施設の退所理由の7割が死亡による契約終了であり、5割が施設内での死亡となっている[4]。

　そのため、介護老人福祉施設で勤務する職員は、新しい入居者と出会っても、ある程度死別することを想定している。そして年に複数回、入居者の死に直面する。食事量や尿量が減少するなど、数日前から死期が予測され、家族などにも事前に連絡を入れて死を迎える準備ができる場合もあれば、死期が予測されておらず職員が居室内を見回った際に亡くなっているのを発見する場合もある。後者は予期されていないパターンともいえるが、介護老人福祉施設での死は、「看取り介護」（非日常の介護）と「日常の介護」が連続し、あるいは部分的に入り組んでおり[5]、大きな枠組みの中では、予期されているパターンといえるだろう。

　しかし、野村[5]は、こうした予期されている入居者の死に対して、「日々の業務に追われるままに、その体験および体験に伴う感情（困難感や充実感など）」を十分言語化できておらず、職員は「曖昧に流され、混乱しながら対応しているのではないだろうか」と述べている。橋本[6]の研究結果でも、「看

第8章 福祉現場で死に直面する支援者の支援　109

取りの負担感がある」と回答した介護職員は86.7％と最も多い。

　バイジーの話を聞いていても、1ヵ月のなかで複数件の看取りを連続して対応した後は、支援者たちの疲労度は大きいようだ。また、入居して1ヵ月以内に亡くなる方がいた場合の支援者たちの疲労度は、さらに大きくなると語るバイジーもいた。入居者や家族との関係を築くことができず、入居者や家族がどのような最期を希望しているかを十分に知ることができないまま、最期を迎えてしまうことは、無力感が大きくなるという。反対に、数年かかわった利用者が亡くなり、家族から感謝の言葉を述べられた際には、喪失感を抱きつつも達成感や充実感がある。[5]

　そして、死期が近い入居者がいるなかでの夜勤は怖さや不安を感じる。夜勤は勤務人数が少なくなるため、勤務者の負担が大きい。入居者が亡くなっているのを発見する恐ろしさと、冷静に対処できるかという不安とが高まるという。反対に、かかわっていた入居者の方が、次に出勤した際には亡くなっていて、既に退所していたということもある。そうしたときには、亡くなった悲しさを誰かと共有することもなく、何事もなかったかのように日常の介護を行わなければならない。野村も、介護老人福祉施設では、終末期ケアや看取りに関してほとんどカンファレンスが行われておらず、職場内で振り返りや相談がしにくい現状について述べている。[5]

　高齢者福祉領域では、「死」に直面することが多く、経験を積むことで「死」に対する不安が減少することがある。[6]実習生のように、「死」に直面した経験が少ない場合には、事前学習で看取りや終末期ケアについて学び、想定していたとしても、実習中に入居者が亡くなったことを知らされたときのショックは大きい。実習の振り返りでも、教員や実習指導者との間では体験を共有できたとしても、同級生との間での共有には時間がかかる。しかし、この体験の共有が実習生のなかに落とし込まれ、終末期ケアの意義を理解することができれば、卒業後、高齢者福祉領域に就職することに対して意欲的になることができる。

（2）予期されていないパターン

　予期されていないパターンは、事件や事故、病気や自死などが含まれる。「もっと早く気づけていたら」「あのとき、もっと気をつけていれば」と、自身のかかわりを責めることが多い。これは入所施設において、居室内で亡くなっている利用者を発見したときにも生じる。発見者のなかには「自分のかかわり方が死に向かわせたのではないか」と罪悪感を強め、休職や退職に至った人もいる。

　障害者福祉領域の場合、利用者が亡くなることについて多くは想定されておらず、緊急対応についての研修や知識も十分に備えているとはいいがたい。そのため、利用者が亡くなっているのを発見した際には、適切な対応がとれていなかったのではないかという思いも高まる。利用者の死に対する支援者支援の研究の多くは、高齢者福祉領域や医療領域に関するものであり、緩和ケアや終末期ケア、看取りなど、予期されているパターンのものが多い。高齢者福祉領域や医療領域はそれだけ死が日常業務のなかにあるということだ。

　特別養護老人ホーム、介護老人保健施設に勤務する介護職員と、緩和ケア病棟を有する病院に勤務する看護師とで看取り後の感情の違いなどを調査した早坂の研究では、緩和ケアでは、100％デスカンファレンスを行っていたが、高齢者施設では、11％しか行われていなかった。ターミナルケアや看取りに関する研修は必要かという問いに、高齢者施設では75％、緩和ケアでは100％が必要であるとし、回答に差がみられた。高齢者福祉領域と医療領域では日常業務のなかに「死」が多くあるという点では共通しているが、直面した際のチーム体制が大きく異なることがわかる。「死」に直面する機会が少ない障害者福祉領域などであればなおのこと、「死」に直面した際のチーム体制が脆弱であることが想定される。

3．職員のメンタルヘルスケア

　福祉領域においても職員のメンタルヘルスケアとして厚生労働省[8]が示す4つのケアは重要である。4つとは、労働者が自らのストレスに気付き予防対

処する「セルフケア」、管理監督者が心の健康に関して職場環境等の改善や労働者に対する相談対応を行う「ラインによるケア」、事業場内の産業医等の産業保健スタッフ等が心の健康づくり対策を提言・推進し、労働者、管理監督者等を支援する「事業場内産業保健スタッフ等によるケア」、事業場外の機関及び専門家を活用し、その支援を受ける「事業場外資源によるケア」である。

　しかし、先に述べたように、福祉領域における「死」に直面するときの体制として、ラインによるケアや事業場内外の資源によるケアは十分とはいえない。今後、こうした組織的なケアを強化し、チーム体制を整えなければならないことは当然としたうえで、ここではセルフケアに着目し、福祉業界全体としてできることを考察する。支援者の精神的負担を減らす方法は、死別の経験や終末期に対する知識を獲得すること[4][6][9]である。支援者自身が研修会に参加したり、書籍を読んだりすることで身につく知識も多分にあるだろう。

　それでも自身の死生観を見つめ直したり、湧き起こる感情を共有したり、整理したりする場としてスーパービジョンは有効だといえる。死生観を問い直すほどの作業は教育分析のほうがよいだろう。しかし、緊急的な場合に、職場で何を体験したのか、何に混乱しているのかを一時的に整理するのであればスーパービジョンの範疇だと私は考えている。次に2人のバイジーの体験について報告する。

4．バイジーの体験

（1）介護老人福祉施設での死

　1人目のバイジーAさんは、介護老人福祉施設に介護職として勤務している。職場内での苛立ちやミスしたことについての相談が多かった。特段親しい人がいるわけではなかったが、どの職員ともある程度うまくやれていた。Aさんはミスが多く、それを指摘されることで落ち込んだり、指摘の方法に腹を立てたりすることがあった。スーパービジョンでは、そうした職場内でのエピソードを1つ1つ取り上げ、ミスが生じないための工夫や苛立ちを落

112　第Ⅰ部　死と向き合う現場から

ち着かせるための方法を検討した。

　ある日のスーパービジョンの導入で、Aさんは、入居者の1人が亡くなって、対応に追われていたため疲れていると軽く話した。Aさんはそれがメインの相談事ではなく、導入の雑談として話したという。これまでAさんが入居者が亡くなったことについて語ったことがなかったため、私は驚き、Aさんに断りをいれて、入居者の死に対する思いについて尋ねた。

　Aさんは、これまで何度も入居者が亡くなった体験をしているが、一度も涙を流したことがないという。「寂しいなという感覚はあるんですけどね。でもそれだけで。長くいた入居者が亡くなったら、泣いている職員はもちろんいるんですけど。私は泣くほど悲しいと思ったことがなくて。冷たい人間なんですかね」と自嘲した。私が「それも仕事をするうえで必要なスキルの1つだと思います」と伝えると、「そうなんですかね。この仕事向いてないのかなって思ったりもするんですけど」と視線を落とした。

　今回亡くなった入居者は、Aさんが見回りを行った際に危篤状態になっていることを発見し、慌てて看護職等に対応してもらい、駆けつけた家族に見守られながら亡くなったとのこと。死期が近いことは予期されていたものの、数時間前に見たときには様子に変化がなかったため、Aさんにとっては予想外の出来事だった。「見た瞬間、亡くなってるんじゃないかってびっくりして」「家族が間に合ってよかったなって」と語り、Aさんにとっては喪失や悲しさよりも、入居者を目にしたときの驚愕と家族が間に合ったことへの安堵との感情の落差に疲弊したという。

　自身について「冷たい」と繰り返す一方で、夜勤中に入居者が亡くなっているのを発見することが怖く、夜勤が嫌いだということも語った。「人が亡くなってるのを見つけるのって嫌じゃないですか。幸いまだ夜勤中にというのはないんですけど」と語るため、私が「何も感じていないんじゃなくて、死がとても怖くて嫌だから麻痺させることで業務をこなしているんでしょうね」と伝えると、「それならいいんですけど……」と反応した。そしてこの件については15分程度で話が終わり、いつものように日常業務についての相談に移っていった。

（2）障害者入所施設での死

　２人目のバイジーＢさんは、障害者入所施設で相談員として勤務している。あるとき、スーパービジョンの予約を早めてほしいとの連絡があり、日時を変更してお会いした。スーパービジョンが始まってすぐは、いつもより元気がなさそうに見えたものの、淡々と話を始めた。

　数日前に食事の場に居室から出てこない入居者を呼びに行った。しかし、居室に入居者の姿が見当たらず、他の職員にそのことを知らせに場所を移動した。トイレなど他の場所を探しても見当たらないため、再度、居室に入り、入居者の名前を呼びながら見回したところ、死角になっているところに人影が見えた。Ｂさんはその場で立ちすくみ、人影に近づくことができなくなった。一緒に入居者を探していた他の職員がやってきて、立ち尽くしているＢさんの視線の先の異変に気づき、すぐに救急車を呼ぶようＢさんに指示をだした。Ｂさんは指示を受けてからもしばらくその場を動くことができなかったという。結局、その入居者はすでに亡くなっており、警察がきて対応をした。警察の話によると、心筋梗塞による突然死で、事件性などはなく、亡くなってから発見されるまでに数時間経過していたということだった。

　その日は早退し、翌日も仕事に行けず、そのまま１週間休むことになったという。「休んで５日目で、少しずつ気持ちは落ち着いてきたんですけど。でも職場に行くのが怖くて。夜ちゃんと寝なきゃと思って目を閉じても眠れず、涙が出てくるんです」とＢさんは大粒の涙を流した。この５日間、Ｂさんの頭のなかに浮かんでいたことについて尋ねると「時間的に１回目に居室に行ったときにはもう亡くなっていたのはわかってるんです。だけど、どうして１回目のときに見つけてあげられなかったんだろうって」と強い後悔の気持ちと罪悪感があること、人影が見えたときの映像が何度も反復していることを涙ながらに語った。

　私は、急性ストレス障害についての心理教育と、精神科医療機関を紹介し、休職も視野に入れることを伝えた。Ｂさんは、職場の人間関係は良好で、同僚も今回のことを心配してくれていた。複数の同僚から連絡がきていること、過去に入居者の死に直面したことがある同僚が当時の気持ちについて打ち明

けられたことも語り、「ここまでよくしてもらえているのだから、何とか回復したいんですけど」と肩を落とした。そして、Bさんの生い立ちから、人が死ぬことへの恐怖が昔から強かったことも明かした。その後、Bさんは休職し、何度かこの出来事について振り返る時間を設け、復職に向けて準備をしていった。

5. 悲嘆反応とトラウマ

こうしたバイジーの話を聞くとき、私の頭のなかには驚くほど鮮明に語られた映像が浮かぶ。Aさんが居室に見回りに行き、入居者の異変に気づいた時の映像、Bさんが入居者を探しているときの映像など、まるで自分が体験したかのように、バイジーの視点で映像が展開する。私はスーパービジョン時に記録はとらず、渡された資料なども終了時には返却する。そのため、ケースのときよりもずっと記憶に残りにくいはずである。実際、他のスーパービジョンのときには、話を聞いていてもそこまで鮮明に映像が浮かぶことも記憶に留まることもない。

私はバイジーの職場環境を実際に知っているわけでも、入居者たちの顔を知っているわけでもない。そのため私の頭のなかにある映像は私が作り出したものであり、バイジーへの強い投影同一化といえるだろう。通常のスーパービジョンでは、クライエントと支援者（バイジー）との間に生じている関係性をバイザーは客観的に捉える。バイジーの語りから、クライエントの情緒に触れるし、展開によるバイジーの情緒にも触れる。しかし、情緒がリアルに生成され、展開しているのは「今ここ」ではないため、俯瞰的に捉えることができる。そうした状況で支援関係を振り返るのがスーパービジョンの役割ともいえる。

しかしながら、死別体験は苦痛を伴うものであり、⁽⁷⁾対象を失ったことに対する持続的な悲嘆の心理過程をもたらす。⁽¹⁰⁾特に入居施設での支援は、入居者の生活全般の支援にかかわり、場合によっては家族よりも密なかかわりを持つ。かかわる時間が長いほど、支援者と利用者の心理的距離も縮まり、身内

第8章 福祉現場で死に直面する支援者の支援　115

を亡くしたような感情を抱く可能性もある。山田と中島は、レーバーらが提唱した定義を用い、悲嘆を「強い結びつきがある誰か（あるいは何か）を『喪失（loss）』したことに伴う極めて強い感情状態」とし、死別事態に外傷的要因が含まれることがあり、死別による悲嘆反応とPTSDの類似点は多いとしている。つまり、入居者と死別体験を経験した支援者は、それほど強い情緒体験をしており、トラウマを負った状態と似た状態になる。

　こう考えると、AさんとBさんのそれぞれが、スーパービジョンの場で表出したものについても理解がしやすくなる。Aさんは、入居者が危篤状態に陥っているところに直面し、迅速に適切な対応をとることに尽力した。そして、家族が見守るなか、入居者が亡くなったときには、「家族が間に合ってよかった」と亡くなった入居者や家族に寄り添った感情が表出されており、支援者として、十分機能しているといえるだろう。そして、Aさんが悲しみを感じにくく、自身を「冷たい」と表現した状態や、エピソードに多くの時間を割かずに終えたことは、トラウマ反応の回避と捉えることができる。また、入居者が亡くなっているのを発見することを「怖い」と感じ、夜勤を「嫌い」と思うことは過覚醒の状態と考えられる。

　Bさんがスーパービジョンの場にきて、淡々と話を始めたことも、感情を麻痺させていたと考えられる。そして、入居者を発見した際の映像が繰り返し反復しているのは、侵入症状であり再体験（フラッシュバック）である。職場に行くことが「怖い」と感じており、夜眠れなくなっている状態は回避や過覚醒であるといえるだろう。

　Aさんのように回避反応が強く、日常生活に支障がでていない状況であれば、出来事について詳細に聞きだしたりせず、語りたいと思ったときにはいつでも話を聞くという姿勢を見せることが必要である。Bさんのように反応が強い場合には、スーパービジョンでの対応だけでなく医療機関や専門的なケアの実施も検討する必要がある。

　山田と中島は、悲嘆反応について、自然な死別による悲嘆反応の病的な形態である「complicated grief（複雑性悲嘆）」と、外傷的要素を含んだ死別による悲嘆反応である「traumatic bereavement（外傷的死別）」の二系列

に分けることが可能であるとしており、外傷的死別はトラウマの影響がでやすいとしている。Aさんは「死」が予期されていたパターンではあったものの、Aさん自身は見回りの際に「死」を予期していなかった。また、Bさんはまったく予期されていないパターンであったことから外傷的死別に近いと考えられ、よりトラウマ反応が強く生じたといえるだろう。

6. トラウマからの回復

ハーマン[13]は、心的外傷体験の中核には無力化と離断があり、トラウマからの回復には心的外傷体験によって損なわれ歪められた心的能力を、他の人々との関係が新しく蘇るなかで創り直す必要があることを述べている。また、心的能力はそもそもが他者との関係において形成されたものであり、再形成も他者との関係においてなされなければならないとし、トラウマからの回復において他者との関係は必要不可欠だとしている。

他の研究においても、悲嘆からの回復において必要なこととして、死別後に情緒的支援を多く持っていること[10]や、亡くなった人のことを他者に話すことや周囲のサポートを得ること[7]が示唆されており、AさんやBさんのように、体験をスーパービジョンのなかで語ったことは心的能力を回復するうえで重要だったといえる。

トラウマ体験を負った者が周囲からのケアを受けることが重要であることは間違いないが、トラウマ体験を聞いた者も心的能力が阻害されてしまうことがある。トラウマ体験を聞いた支援者が、自身はそのような体験をしたことがないにもかかわらず、クライエントと同じような外傷性のストレス反応を示すことを「二次受傷（secondary traumatization）」といい、そのきっかけとなるストレス因を「二次的外傷性ストレス（secondary traumatic stress）」という。

つまり、バイジーの死別体験を聞いた私に生じた投影同一視は、二次受傷に近いものだといえるだろう。たとえ困難なケースであっても、クライエントが生きている限りは支援方法について検討することができる。しかし、死

第8章 福祉現場で死に直面する支援者の支援　117

別という体験そのものは、どのようなことをしても覆ることはない。どれだけ考えても、「死」という変わらない現実がある。そのため死別体験に伴うトラウマは、無力化が強まるだろう。そうしたバイジーを前に、私もまた無力化される。バイジーを支持する方法を検討することはできるが、クライエントに対する今後の支援方法を検討することはできない。それまでバイジーとの間で「どのような支援が考えられるか」「クライエントをどう理解するか」と協同作業を行っていた目標が失われてしまう。

大澤は二次的外傷性ストレスを悪化させる一番の要因は「孤立」だとし、支援者が自らの体験を分かち合える場所を提供することが二次的外傷ストレスだけでなく職業上のストレス予防になるという。そのためスーパービジョンで聞いたことを、他で話してはいけないという守秘義務は順守しつつ、バイザーである私自身も同業者とつながりをもち、自身が体験していることを共有できる場をもつことを意識しなければならない。ハーマンもトラウマ治療において「独りで回復できる生存者がいないように、独りで外傷と取り組める治療者もいない」と述べている。

7. おわりに

福祉領域においても医療領域と同等程度に、「死」に直面した際のチーム体制を構築したり、職員研修などのなかにデス・エデュケーションを取り入れるなど「死」にまつわる知識を蓄積する機会を設けたりしていくことが、「死」に直面する支援者たちを支えるうえで重要である。

そして人は人とのつながりのなかでケアされていく。クライエントのケア、支援者のケア、支援者支援を行う者のケアはすべて連続しており、つながっている。福祉領域においても、医療領域のように職場内でのつながりを強化し、利用者の死に直面した際にはチームでケアをし合えるシステムづくりを行うことは急務であろう。一方で、人が人とつながりケアされる仕組みはシステムのなかだけでなく、日常のなかにある人と人がつながっていることも忘れてはならない。東畑は孤立を「社会的課題」とし、支援する人の支援も

118 第Ⅰ部 死と向き合う現場から

含め、無数のつながりを連鎖させることの重要性を論じ、日常のなかで相手の話を聞くこと、自分の話を聞いてもらうことの大切さを提唱している。

　スーパーバイザーも、バイジーも、それぞれの職場の同僚たちや、勉強会や学会などで出会った同業者たちに声をかけ、ときには飲み会に行ってみたり、連絡先を交換し挨拶の連絡を入れてみたりしてほしい。さらにお世話になった人たちにお中元やお歳暮、年賀状を送り、ちょっとしたつながりを無数にもっていてほしい。家族や友人などプライベートのつながりも大切である。しかし、守秘義務がある以上、同業者でなければ話せないことも多い。支援者一人ひとりが孤立せずにつながることで死別体験という大きな出来事から回復する力を高め、他のクライエントを支える力となる。つながりの糸を何本も張りめぐらせて作った支える‐支えられる関係のネットが業界全体を下支えすることになる。

参考文献
　（1）片岡靖子、長友真実、岡崎利治他「対人援助職におけるデス・エデュケーションの必要性について（1）デス・エデュケーションプログラム開発の意義」『九州保健福祉大学研究紀要』7号、63‐71頁、2006年
　（2）髙原千代、三國牧子「発達障害における支援者支援研究の現状と展望」『九州産業大学国際文化学部紀要』57号、141‐158頁、2014年
　（3）厚生労働省「在宅医療における急変時対応及び看取り・災害時等の支援体制について」第3回在宅医療及び医療・介護連携に関するワーキンググループ資料、2022年（https://www.mhlw.go.jp/content/10800000/000951130.pdf）
　（4）三菱UFJリサーチ＆コンサルティング株式会社「介護老人福祉施設における看取りのあり方に関する調査研究事業　報告書」令和元年度老人保健事業推進費等補助金老人保健健康増進等事業、2020年（https://www.murc.jp/wp-content/uploads/2020/05/koukai_200424_15.pdf）
　（5）野村侑「介護老人福祉施設における死と終末期ケアに対する介護職員の認識に関する研究の動向と課題―過去17年間の文献レビュー」『高知県立大学紀要社会福祉学部編』67巻、101‐116頁、2018年
　（6）橋本美香「特別養護老人ホームにおける望ましい看取りの研究」『山形短期大学紀要』41巻、147‐160頁、2009年
　（7）早坂寿美「介護職員の死生観と看取り後の悲嘆心理―看護師との比較から」『北海

道文教大学研究紀要』34号、25–32頁、2010年

（8）厚生労働省「職場における心の健康づくり—労働者の心の健康の保持増進のための指針」2017年（https://www.mhlw.go.jp/file/06-Seisakujouhou-11300000-Roudouki junkyokuanzeneiseibu/0000153859.pdf）

（9）東野友子「看護師の看取りケアと死に対する考え」『旭川大学保健福祉学部研究紀要』13巻、63–66頁、2021年

（10）人見裕江、大澤源吾、中村陽子他「高齢者との死別による介護者の悲嘆とその回復に関連する要因」『川崎医療福祉学会誌』10巻2号、273–284頁、2000年

（11）山田幸恵、中島聡美「悲嘆反応と外傷反応—外傷的死別研究を踏まえて」『精神保健研究』51号、71–79頁、2005年

（12）Reber, A.S., Reber, E.S.: *The penguin dictionary of psychology*. Penguin Books, 2001.

（13）Herman, J.: *Trauma and recovery: the aftermath of violence-from domestic abuse to political terror*. Basic Books, 2015.（中井久夫、阿部大樹訳『心的外傷と回復 増補新版』みすず書房、2023年）

（14）大澤智子「二次受傷—臨床家の二次的外傷性ストレスとその影響」『大阪大学教育学年報』7号、143–154頁、2002年

（15）東畑開人『聞く技術聞いてもらう技術』ちくま新書、2022年

第 II 部
実践を支えるための専門知

現象学　ユング心理学　精神分析
経済学　社会学　人類学

第 9 章

生のなかの死、死のなかの生
―― 現象学から見た死

村上靖彦

1. 死のなかの生

現象学にとっての死

　現象学は、語り手の経験の内側からの視点から〈生き方の型〉をとりだそうとする。生き方の型が背景にもつ構造も探求の対象となる。このような「背景」は、例えば、複雑に絡み合い葛藤する家族関係や、貧困や差別なども登場する社会的文脈、歴史である。しかし「死」もまた私たちの生に浸透する背景といえるのかもしれない。ただし、過去であるだけでなく、ときには来たるべき未来に横たわる背景、という奇妙な背景だ。

　現象学にとって、そして人の日常においても、死は脳死でも心臓死でもない。死は経験の一つである。どちらも法の要請のもとに医学的に定義された心臓や脳といった特定の臓器の状態を示している。自分自身の死も、親しい人の死も、医師による死亡宣告に押し込められるわけではない。自分の死は死へと向かう生のプロセスとして経験され、他者の死も死へと向かう生のプロセスのなかに、そして死を弔い生前を追憶するプロセスのなかに経験される。あるいは死者たちに駆動されて行為へと突き動かされることもある。

　本稿では、2つの事例をとりあげる。一方は生と死のあわいのあいまいな状況において死にゆく人と家族をつなぐ実践、もう一方は死を覚悟した人が、生を刻み込むことで死へと応答する行動を起こす場面である。

死にゆく人とつながる

　まずは救命救急の場面での看取りが舞台だ。突然の病によって意識を失い、そのまま亡くなる場合、家族は別れを言う間もなく、突然意識がない身体と向き合うことになる。

　急性・重症患者看護専門看護師の比田井理恵さんの語りから引用する。[1]

　　比田井さん　くも膜下出血で、「今は手術ができないから、ちょっと待機」って言って、一般病棟のほうに入った患者さんがいたんです。で、その方は、地方からこちらに出稼ぎというか、来られていて、ご家族は地方にいらっしゃって。その方が「くも膜下出血になった」っつって、向こうから奥さんとか。お子さんはおばあちゃんが見てくれて、奥さんが来て。しばらく待機されてた中で、再出血して、結局もう、脳死みたいな状況に近くなってしまう方の奥さんが、たまたま私が夜ラウンドというか、来て帰ろうと思ったときに、廊下でぽつんて座ってらっしゃって、で、すごく寂しそうだったんで、声掛けたんですよ。

　　そっから少し関わるようになって、自分と旦那さんとの関係とか、どれだけ旦那さんを大事に思ってるかとか、旦那さんがどういう人だったかとか、そんな話をいっぱい聞いて、それでそっからときどき、患者さんのもとを一緒に訪れて、奥さんと話をしたりとか、そんなふうな関わりをして。

　「脳死みたいな状況」とは、脳死判定を受けたとしたら判定基準を満たすであろう状態、すなわち意識はなく回復の見込みもない状態だろう。この患者は意識がないまま2ヵ月後に亡くなる。

　しかし「脳死みたいな状況」になったとしても、家族にとって脳死の患者は生きているように感じられるだろう。そもそも脳死とは、臓器移植のために日本では1997年に臓器移植法（臓器の移植に関する法律）によって医療技術と法律のあいだで定められた、たかだか30年弱の歴史しかもたない「人工的な」死だ。生命を脳に局在化させるのは技術と自然科学が発達したごく最近の学問における議論に過ぎない。脳死と判定されたとしても、生き

第9章　生のなかの死、死のなかの生　　123

ていると感じられるのであれば生きている家族としてケアすることはなんら
理不尽ではない。

　看護師の聴き取りを重ねるなかで、私自身は意識がない人、場合によって
は植物状態（遷延性意識障害）の人や脳死の人にも声をかける人たちに出会
い、生者としてコミュニケーションを取ることが自然な経験であることを学
んだ。生の範囲は生物学的な死のなかにもおよぶのだ。

　この場面では比田井さんが、患者と妻のあいだの「コミュニケーション」
を回復しようと努力する。まず比田井さんは「どれだけ旦那さんを大事に思
ってるかとか、旦那さんがどういう人だったかとか、そんな話をいっぱい聞
いて」いる。つまり元気だった過去に、夫がどのような人で、どのような関
係を妻と結んでいたのかをいきいきと思い出すようにしている。

　２ヵ月ほど経って、夫の心肺の状態が悪化し、看取りを迎えることになる。

　　比田井さん　奥さんがその前に、「やっぱり旦那さんがいないと、生き
　ていけない」っていうふうなこととかおっしゃっていて、そんなふうな状
　況が、ちょっと心の準備も必要だし。

　　で、奥さんとそこのお部屋で、旦那さんも囲んで話をしてる中で、奥さ
　んと話して、「旦那さん、今、何て言うと思います？」とか、そんなふう
　な言葉がけをして、「しっかりするようにって多分、言うと思います」と
　か、そんな話をしてる中で、で、奥さんが、〔旦那さんが〕いなくなった
　後のような言葉を発したんですよ。だから、ちょっと準備ができてきてる
　なと思ったので、「こうやって背中に手入れて、ぎゅって抱き締めたりで
　きるんですよ」って言って。そんなふうなのしてもらって、ふって患者さ
　ん見たときに笑ってたんですよ。

　比田井さんは、「旦那さん、今、何て言うと思います？」と尋ねる。空想
のなかで今現在のコミュニケーションを試みるのだ。これに対して妻は「し
っかりするようにって多分、言うと思います」と応答する。さらに「こうや
って背中に手入れて、ぎゅって抱き締めたりできるんですよ」とリアルで身

124　第Ⅱ部　実践を支えるための専門知

体的なコンタクトを回復する。

　つまり比田井さんは、家族と患者との過去の関係の想起、空想のなかでの現在のコミュニケーションの回復、さらに身体によるリアルな接触という3つのチャンネルで、「脳死みたいな状況」の夫と妻とのコミュニケーションを回復し、そのことによって看取りをスムーズにしている。

　かつての葬送儀礼は、生きていてコミュニケーション可能な段階から、死という隔たりのなかでのかかわりへとだんだんと変化していくプロセスと、それを受け止めていく準備だっただろう。生と死のあいだはあいまいなのであり、儀礼という形であいまいなプロセスに区切りをつけて死を作り受け止めていくのだ。

　「直葬」なるものが普及するほどに儀礼が限りなく縮減した現代日本において、看護師や介護職によるケアのなかで、生と死をつなぎなおし、死にゆく人との別れを可能にする実践が行われているのだともいえる。

2．死にあたって生を刻み込む

複数形の死

　現象学はどのような定義を社会が持つにせよ、あいまいに死と呼ばれるものをどのように経験していくのか、という点に関心を持つ。

　私たちは自分の死を知ることができないのにもかかわらず、しかししばしば死を意識しながら生きている。恐れるにせよ望むにせよ、来るべき死を尺度にして生きることをハイデガーは現存在の有限性であると考えた[2]。死を意識するときには、今自分があたりまえのものとして享受している対人関係や習慣が揺さぶられる。日常生活が前提としている既存の秩序が動揺する場面をハイデガーは「不安」と呼んでいる。不安において世界が揺らいだときに、死という個別化の可能性が顔をのぞかせるとハイデガーは考えた。自らの死は生の背景に横たわる。

　とはいえ、人は自分自身の死については多くを知りえない。私たちは日常的には死を、二人称の死、あるいはより頻繁に三人称の死として経験する[3]。

第9章 生のなかの死、死のなかの生　125

自分の影を踏むことができないのに他の人の影は踏むことができる。自分の死を直接経験することができないとしても、他の人の死を「経験」するのである。

そもそも私たちの経験のなかに、他者の死はしばしば深く刻み込まれている。経験そのものが他者の死の経験を目印にして組織化されているかのようである。私は今まで80人ほどの人にインタビューをお願いしてきたが、そのおそらく9割ほどの人がなにがしかの仕方で他者の死を語った。もちろん看取りに携わる看護師が死を語ることは自然だ。さまざまな看取りの経験だけでなく、ときには自らの家族の死も話題になった。死んだ母親や妻を思いながら独居する高齢男性もいた。子育て支援の現場や当事者の人の語りにも死は登場する。悔恨とともに語られる自死もあれば、夫の死んだ元妻に取り憑かれるように生きている女性もいるし、自分を虐待した亡父が大きなテーマになったこともある。

つまり、他者の死は、二人称の「あなたの死」であっても、三人称の「あの人の死」であっても、私たちの生の行方を左右する。そして、支援者が経験する看取り、そして看取る患者が経験した家族の死、といった仕方で重層的に死が組み込まれる。つまり、死はしばしば複数形であり、その後の行為を方向づける。

現象学的に死を捉えるとは、このような一人称、二人称、三人称のあわいのなかで死がどのように間接的に経験されるのか、考えていくことだろう。自分の死を経験するときには私は生きていないので、迫りくる死というかすかな距離の間接性がある。他者の死については私自身は経験しようがない。しかし、どの死も私を深く触発する。私の〈生き方の型〉のなかにどのようにさまざまな死が組み込まれているのか、死はどのように構造化されているのか、という問いが以下の導き手となる。

もう少し踏み込んでいうと、死によって触発されるとは、死者がどのように私のなかで生きているのかという問いでもある。もちろんこのような死者の生は幸せな形を取るとは限らない。

126　第Ⅱ部　実践を支えるための専門知

3．死へと直面する患者の事例

　他者の死が一人の人の〈生き方の型〉のなかに組み込まれていく、そのあり方を実例の分析という仕方で示していく。他者の死は、特別な出来事として刻み込まれ、その後の生き方を方向づける。本稿で示すのは1つの例に過ぎないが、誰でもそれぞれの仕方で、他者の死を組み込みながら〈生き方の型〉を形作る。具体的にどのように組み込まれるか、1つの例から考えていく。もちろん死の刻み込みは一回的な特異な出来事であってそのつどごとにちがうが、それゆえに一般化を拒む。例を分析してそのつどの構造を明らかにすることでしかアクセスできない。

　例にとるのは訪問看護師のFさんだ。[4]Fさんの印象に残っている若い脳腫瘍の男性Yさんと、その担当看護師Xさんについて語った場面である。

　　Fさん　〔Xさんは〕もう、もう、しゃべれないぐらい号泣で。やっぱりなんかすごい、なんていうか〔患者さんと〕近かったのか、年が近くて。
　　で、脳性まひで、恋人もおられたらしいんですけど。結婚とかもこういう状況やからできないからっていって。で、脳性まひ、ああ違う、違う、脳腫瘍ですごい進行して、で、余命ももう少しだって言われ。1年もないみたいな感じで言われた方で。しかも若いから、もっと早く進行するかもしれないと言われて。仕事も辞め、で、彼女とも別れ、みたいな感じで、だんだん目が見えなくなっていったり、すべての感覚が要するにできなくなっていくっていう。で、「あまりにかわいそうで、で、自分と同じでって思ったらどうだろう」っていって、ボロボロ泣いて。もう機能停止してた。看護師としての機能停止があって。で、それが所長と私とで、アーッみたいな。もう口がポカーンみたいな。

　感情移入をすることでケアができなくなることもまた来るべき患者の死に対する応答である。ただし、同僚の看護師Xさんは、患者Yさんの死を一方

第9章　生のなかの死、死のなかの生　**127**

的な想像と感情の中で受け止めており、実際のところ患者自身がどのように死に向き合っているのか、生きていこうとしているのかという現実と出会えていない。

　冒頭でFさんは言い間違えをしている。この患者は脳腫瘍だったのだが「脳性まひ」と語っている。実はFさんの亡くなった妹が「脳性まひ」だった。Fさんはこのあとでは意識的に患者と妹を並行に置くのだが、はじめから2人の死者が脳裏に浮かんでいたことがわかる。しかも妹がすでに亡くなっていたことが私に明かされたのはこの場面のあとであり、この語りのときには妹については生きているかのように現在形で語られていた。きわめて複雑な死者の刻み込みである。

　問題は、Fさんが「どのように」死を意識していたのか、だ。

　　Fさん　で、私自身、…で、なんか何回かそんな人、〔同僚の〕Xさんが通ってはったんですけど、やっぱり泣いて泣いて。もう本当になんか何もできなくなっちゃったんですよ。ほんで、冷静に、なんていうか、「本当にこの人に今必要なケアは」っていうのが、まったく考えられなくなっちゃったんですよね。ほんで、だから「もうしょうがないから担当替わろうか」っていう話になって、私替わったんです。で、なんか、替わったんですね。（中略）
　　ほんで、たぶん、でも、私自身がそうやってなんていうか、結構ドライに見てきた部分もあるのか、なんですかね。たぶん患者さんと生きてる気もするんです。なんか。なんですかね。患者さんと私がなんか地続きじゃないですけど、なんか、妹と私の関係みたいに、たぶん、なんていうか、ある部分もあるんですね。

　この場面でははじめFさんは「私自身」と言いかけて、すぐに同僚Xさんの話題に転じる。しばらく経ってから、「私自身がそうやって」と再度本題を語り始める。Fさんのインタビュー全体が、主語のあとに挿入句を挟むことが多かった。挿入句は本題の背景にあることがらを示す。つまり、感情移

128　第Ⅱ部　実践を支えるための専門知

入しすぎて看護ができなくなった同僚という背景を前提としてFさんの看護が始まる。

　しかし、もっと複雑である。というのは、実は感情移入して仕事ができなくなった同僚の姿は、新人時代に患者に感情移入しすぎて小児科を退職せざるをえなかったFさん自身の過去と重なるのだ。つまり、同僚の失敗を踏まえてFさんのケアが始まると同時に、新人時代にドロップ・アウトしたFさんを乗り越えて今のFさんのケアが成り立っている、という分節もこの語り方は示している。死者だけでなく、過去の自分や他者も作用している。

　そして新人時代のFさんが感情移入したのは妹と同じように重度の障害を持つ子どもたちに対してだった。つまり潜在的に亡くなった妹がこの挿入句の背景にいる。

　引用後半でFさんは「ドライに見てきた」と語る。感情移入した同僚（新人時代のFさん）との対比である。その理由は「患者さんと生きてる」という共同性、「患者さんと私がなんか地続きじゃないですけど、なんか、妹と私の関係みたいに」という連続性にある。わかりにくい表現である。Fさんからの私信によると、感情移入するのは他者に対してであり、妹自身は自分自身に同情して泣いたりはしない、それゆえ妹の視点に身を置いたときには感情移入してしまうことはない、という。「患者さんと生きてる」「地続き」というのはそのような患者自身、亡くなった妹自身の視点に立つという視点の取り方の問題である。しかも、亡くなった人たちと「生きている」という生と死の重ね合わせだ。

　とすると、この場面は同僚とFさんの対比であるとともに、新人時代のFさんと今のFさんとの対比であり、かつ妹との関係の取り方の変化も表現していることになる。錯綜した語りの背景には何重にも重ねられた文脈がある。そしてすでに亡くなった患者と妹の視点に立って世界を眺めることを通してFさんのケアのスタイル（生き方の型）が作られる。

　このような複雑な重ね合わせとともに、患者さんと妹という2人の死者がFさんの実践のスタイル、とりわけケアにおける視点の取り方に組み込まれている。

第9章 生のなかの死、死のなかの生　129

Fさん　あるとき行ったら、Yさんがまあなんか、なんですかね。延命、尊厳死〔の同意書の書式〕みたいなやつをなんかインターネットからダウンロードしてきて、ピッて置いてあったんですよ。で、白紙のやつで。

　「これどうしたんですか」って言ったら、「ネットからもう、なんかやってきた」みたいな。で、そんなん、なんていうか、「そうなんですか」っていって、「そういうの考えてはるんですね」とかっていって、「うーん」とか。なんかそんな、まあなんか濁すような感じで言ってはって。で、そのYさんとちょこちょこっとしゃべる分では、なんかね。

　で、本人は、もうやっぱり、そういうなんか積極的な治療を望まないんだろうなっていうのは、そういう紙を出してるのでわかったんですね。

　語られたこの場面は2000年代前半の出来事だったと思われる。まだ「尊厳死」という非公認の言葉が流通していた。ここでは「積極的な延命治療を望まない」という意思決定を伝えるツールとして「尊厳死みたいなやつ」が登場している。当時はACP（アドバンス・ケア・プランニング）という言葉も輸入されておらず、「人生会議」という言葉も生まれていなかった。つまり、医療者が看取りに向けての意思決定支援をする時代ではなかったが、患者が自分自身で来るべき死と向き合おうとしていたことがわかる。延命を望まないことをFさんや母親に伝えていたそうだが、患者は置かれた「尊厳死みたいなやつ」の用紙によって、言葉にされていなかった生と死をめぐる迷いも含めて表現している。

　この用紙はその後もしばらく置かれていたそうだ。つまり、患者は死について、そして最後をどう過ごすのかについて考えているが、決定はしていない、という状況である。

　この後、だんだんとまひも進行したある日、訪問すると、電動のベッドで背中を持ち上げて患者が書式にサインをしようと奮闘している場面にFさんは出会う。「あるとき行ったときに」と先ほどと同じ語り出しの反復のなかに大きな変化が生まれる場面が始まる。

130　第Ⅱ部　実践を支えるための専門知

Ｆさん　あるとき行ったときに、なんか、まあ、起きてるのももう精い
っぱいになりかけてたんですよ。

　ほんで、もう手はほとんどなんていうか力が入らなくて、で、その人が、
まあオーバーベッドテーブルにこうガバッ、ガバッて起こして、で、もう
ギリギリ、ギリギリ、なんていうかもう、下手したらこうなるみたいな、
なんていうか倒れていくみたいな人が、こうギリギリまで待ってこうベッ
ドをバーッて上げて、そのオーバーベッドテーブル付けて、そこにその、
同意書みたいなの、なんですか、尊厳死のやつを出して、手、力入らない
のに、こうやって、こうやってやって書こうとしてるんですけど、手に力
が入らないから字が書けないんですよ。

　で、「ああ」って思って、なんか、まあそれは摘便の日だったんですけ
どね。

　患者は決意を行動で示そうとする。字を書く動作がきわめて難しくなった
なかでの署名の試みが、死に対してどのように応答するのかという問いに対
するＹさんの答え合わせでもある。Ｙさんはこのように生き方の型を示そう
としている。

　そして、ここにはもう１つの要素がある。それはサインをする試みをＦさ
んの訪問に合わせてＹさんが行ったことである。死への応答の証人としてＦ
さんが選ばれているのだ。

　Ｆさん　で、そんな、「あっ」とかって言うような方じゃないんですよ。
全然すごく穏やかで。そんだけなんていうか、「悔しい思いとかしないの
かな」って思うぐらい穏やかな方で。人に優しくて。きっとなんか私だっ
たら、なんていうか八つ当たりしたり、『健康な人間がぶらぶら能天気に
また来たわ』みたいなふうに思うかもしれないんですけど、そういうのん
じゃなくて。なんかすごい穏やかで、人に優しい方だったんですよ。

　そんな人が一生懸命、一心不乱に、「アーッ」て言いながら。そんなん
何回も言わないんですけど。こう、自分の動かなくなる手とこう、一生懸

第9章　生のなかの死、死のなかの生　131

命闘ってるっていう。それを見せてくれてるとも思いませんでしたけど。

（中略）

　訪問看護の時間って決まっているんで、それが来るってわかっててそれを始めたのか、それとも始めたけど、全然終わらなくって、私が来たころに終わらせて、「ここだから」って言うはずだったのが終わらなかったのか。そのへんも全然わかんないんですけど。なんかきっと、そこにはなんか意味があんのかなあって思ったり。なんか、そういうのをたぶん受け取ったんかなって思うんですね。

　Ｆさんは患者の（そして妹の）視点に立って世界を見ようとしているがゆえに「ドライ」に見ている。このことは患者のことを理解しきっているということではない。視点を患者においたとしても、患者がどのように世界を経験しているのかは謎にとどまる。「そのへんも全然わかんない」と、問いかけあるいは推量として語るのだ。患者の行動の意味は決定不可能なあいまいさと複雑さのままに「そこにはなんか意味があんのかなあ」と問いとして「そういうのをたぶん受け取った」のだ。死に対するＹさんの応答は、言語化された意味内容ではなく、行為そのものとしてＦさんに受け止められている。Ｆさんは感情移入を避け、意味内容に閉じ込めることもなく受け止めるのだ。

　Ｆさん　で、なんか、うーん。目に焼き付けるしか私にはできないですけど。なんかそうやって目に焼き付けて、こうやって、ここの場でも言えるわけじゃないですか。そうやって人に伝えていけるっていうのが、なんかこう、Ｙさんが生きているっていうか、なんか、っていうのもあるかなと思います。そこでなんていうか、もし、感情的になったり。そういうので、その人のなんていうか、思いをこうつぶしたくないっていうか。

　Ｆさんは患者からの答えがはっきりしない問いかけに対して「目に焼き付けて」という応答をする。

　そのような仕方で「Ｙさんが生きている」のだ。他者の死が刻み込まれる

132　第Ⅱ部　実践を支えるための専門知

ときには「Ｙさんが〔その瞬間〕生きている」という生として刻み込まれるということでもある。Ｆさんが引き継いでインタビューの場面で私は「伝えていける」ようなメッセージなのだ。自らの死に直面しているＹさんが「生きている」ということをＦさんは「目に焼き付ける」。それしか「できない」ということは、ここでケアとして成り立つのが目に焼き付けることだけだったということだ。

　　Ｆさん　あと、でも、目に焼き付けたんです。私の。それはもう絶対忘れられなくって。たぶん、Ｙさんは、迷ったんだと思うんですね。本当に生きるのか生きないのかみたいなことは、すごく考えたんだと思うんです。で、自分がこう起きて書けるっていうギリギリの線まで、待ったんだと思うんですね。なんか、どういう思いがあったのかはちょっとわかんないんですけど。いろんな、彼女と別れたりとかいうこととか、なんかその特許のこととかも、いろんなこと言ってはりましたし。なんか、なんか、そういうのをなんか、なんか。私なんかのなんていうか、なんていうんですかね。私情とか感情とかをはさみたくないなって思ったんです。（中略）
　　なんでしょうね。目に焼き付けたかったんですね。たぶん。私自身が。
　　（中略）まあいつもと違う表情で、一心不乱に書こうとしてて。

　死にゆく患者さんがサインをしようとする試みをＦさんは目に焼き付ける。「目に焼き付ける」という表現を合計３回繰り返すことで強調している。患者が世界を見ている視点に立つとしても不可知の部分は残る。「Ｙさんは、迷ったんだと思う」「ギリギリの線まで待ったのだと思う」と推測しつつ断定を避け、そして「私情とか感情とかをはさみたくない」と外から感情移入する視点も拒みつつ、「絶対忘れられなくて」と目に焼き付けるという仕方で死へと向かう患者の姿をＦさんは自分自身の人生へと組み込むのだ。
　この場面は患者Ｙさんと妹が亡くなってからの回想である。時間軸上は、感情移入した同僚から引き継いで「ドライ」なＦさんがＹさんを担当することになり、そのあとで延命治療を望まない書式へのサインの場面を「目に焼

第９章 生のなかの死、死のなかの生　133

き付ける」。しかし「感情とかをはさみたくない」ままに「目に焼き付ける」場面から遡行して、ドライに患者と地続きの視点をとる生き方の型が具体化するともいえる。「目に焼き付ける」とは死者の生を刻みつけるFさんの様式だ。

患者がどのように世界を経験し行動しようとしているのかを患者の視点から「ドライに」見るというのは、この場面のように死を前にして患者が選んだ行動を「目に焼き付ける」ということでもあり、視点は二重化されている。支援者としての支援の取り方に対して、二人の死者は大きな影響を持っている。

ケア職の場合（そしておそらく誰の人生にとっても）、他者の死は実践の結節点となる。

比田井さんにおいては、亡くなりつつある意識のない患者とその妻のあいだを、想起・想像・身体接触によってつなぎとめる。驚くべきことに、比田井さんが語った他のいくつかの看取りのエピソードでも同じ方法で患者と家族をつなぐ構図が見られた。つまり死というものにおいて実践の型（生き方の型）が作られている。

Fさんの場合、死に直面する患者そして亡くなった妹がその後の実践そのものを駆動している。患者の視線から世界がどのように見えるのかを中心に据えた実践の核には死の経験があるのだ。

私たちはある意味で死者によって生かされ、生き方の型を見出すように促されるのだ。

参考文献
（1）井部俊子、村上靖彦編集『現象学でよみとく専門看護師のコンピテンシー』医学書院、2019年。第2章の事例を再解釈する。
（2）ハイデガー（原佑、渡邊二郎訳）『存在と時間2』中公クラシックス、2003年
（3）ウラジーミル・ジャンケレヴィッチ（仲澤紀雄訳）『死』みすず書房、1978年
（4）村上靖彦『摘便とお花見―看護の語りの現象学』医学書院、2013年。第2章の事例を再解釈する。

第 10 章

死と夢
——ユング派心理臨床

清水亜紀子

1．はじめに

　Jung[1]は、心理療法過程のなかで、クライエント（以下、Cl. と略記）とセラピスト（以下、Th. と略記）は「避けられない心的感染によって」「第三の変容を迫られ変容させられる」と述べている。こうしたJungの論に立つと、心理療法は、Cl. と Th. の相互変容過程として捉えることができる。そこでの変容は、さまざまな形で現われる可能性があるが、ユング派では、変容の場として夢に大きな意味があると考えられている。ただ、仲[4]によれば、これまでの研究では、Cl. の夢に注目されることが多く、Th. の夢が検討される場合も、「逆転移の吟味やTh. の意識的な態度の偏りの補償というような消極的な価値しか認められない傾向にあった」。そこで、仲[4]は、Cl. とTh. の相互変容の観点から事例研究を行い、心理療法過程における Th. の夢が重要な意味を持ちうることを示唆している。

　本稿でも、仲[4]を踏まえて、Cl. と Th. の夢を中心に据えた事例研究に取り組む。ただし、本稿では、Cl. の死後のTh. の夢についても取り上げる。Cl. の死を境に、心理療法は終結しているため、その後のTh. の夢には、心理療法とは無関係のTh. 自身の個人的課題が現れている可能性がある。ただ、本稿では、生死の境界で分かたれてもなお、Cl. とTh. が影響し合っている可能性を示唆する事例と捉え、事例研究を進めていく（以下、「　」はCl.

135

であるＡさん、〈　〉はTh.である筆者、『　』は第三者の言葉を示す）。

2．事例概要

【Cl.】40代女性Ａさん（専門職Ｂ）。

【家族】父親（Ａさんの幼少期に、外因性の脳疾患で突然死）、母親（60代。X−5年から脳疾患〔介護度4〕、X−2年から癌。脳疾患を機に、Ａさんが1人暮らし宅の傍に呼び寄せ、介護開始）、弟（専門職Ｂ）。母方祖母（X−1年4月、90代で死去）。

【現症歴】X–10年頃から不眠。X−2〜3年から睡眠薬服用。X−1年11月、子宮筋腫による子宮全摘術。X年1月、急性リンパ性白血病の告知、即日入院、翌日化学療法開始。母親の介護調整も全て、入院後にＡさんが行う。X年2月、主治医から、精神面でやや脆弱な部分が垣間見られ、サポートが必要とのことで、Th.に心理療法の依頼があった。

【面接構造】週1回50分の面接。移植前後・状態悪化時は、週2〜3回。医療者の依頼に応じた臨時面接（#13、#18、#38）、Th.主導の臨時面接（#66、#75）も実施。入院中は無料、外来（#69〜#73）は実費負担。通常は面接室、血球減少期等は病室（個室／大部屋）で実施。

3．面接過程

第Ⅰ期：X年2月〜X年8月

#1　父親の死を機に、「私がお母さんを支えないといけないと思って、しんどくても言わずに我慢してきた。ずっと走り続けたのも、（病気で）急ブレーキがかかったのもしんどかった」と涙。「やっと自分のことに向き合える時間ができたなと思う」。「仕事も介護もして頑張り過ぎて一杯一杯になって、この病気になったと思ってる。だから、そういう生き方を少しずつ変えていきたい」。「相談することがなかった。第三者に話せることが自分にとって大事だと思う。話すことで、自分の気持ちが整理できる」。

＃2　父親が夜中の緊急搬送後に死亡し、Aさんと弟は死に目に会えなかったことが語られた。「お母さんが半狂乱になったのを今でもはっきり覚えてる。だから、私がお母さんを守らなきゃと思って」。

＃3　「甘え方がわからない」「自分1人で頑張ろうと思ってしまう」と語るが、＃6では、彼氏に「少しずつ甘えられるようになってきた」。Th.から夢を聴くと、「この前、お父さんの膝に抱っこされてる夢①を見て。すごく安心した。小さい頃、外食に行くと、いつもお父さんの膝に座ってご飯を食べさせてもらってて。私、お父さんっ子で。でも、お父さんの話題をしたら、お母さんが壊れてしまうんじゃないかと思ってずっとできなかった」。X年7月（#21頃）に骨髄移植、8月に退院。

第II期：X年10月～X＋1年4月

X年10月、白血病の再発で入院（再移植の成功率は10～20％）。

#29　「ショック過ぎて。今はもう頑張れない。でも、病院に来て、Th.も皆もいるから安心できた。これからも話を聴いて下さい」。「彼氏とは、治ったら、籍を入れて一緒に暮らそうって話に。「もう少し甘えさせて」と言ったら、『もっと我慢せずに甘えたらいいやん』って。今回はもっと他人に甘えて頼ろうと思う」。

#32　祖母が闘病中に使っていた毛布を見せ、「おばあちゃんの匂いがして安心する。おばあちゃん大好きなんで。毛布が届いた夜に夢②を見て。おばあちゃんとおじいちゃん（母方）とお父さんと亡くなった犬が出てくる。『家族で力を合わせてやっていったらいい』って言われて。私の病気は姉弟力を合わせて、これからお母さんを支えていく為の試練だって。あと、お母さんが亡くなる時、姉弟力を合わせて見送ってあげてほしいって。病気は、そのときに笑顔で送り出すための試練だって。あと、彼氏の家に嫁ぐとなったときに、上手くやっていくための試練でもあるって。最後にお父さんが『笑顔でいなさい。自分がやりたいことをしなさい。他人のことは気にするな。他人を笑顔にすることをしなさい』って。お父さんはいつも『笑顔でいなさい』と言ってた。見守ってくれてるんだなとすごく安心した」。

第10章 死と夢　137

#33　「神社の階段みたいなところを登って行ったら、おばあちゃんの毛布の色（オレンジ）が一面に広がってて。それがバサッて自分に被さって、自分の"苦"が全部取れて、ものすごく楽になった。おばあちゃんの気配がどこかにあった」と夢③を語り、「自分は生かされてるんだなと思って。おばあちゃんが私にしてくれた分、他人のためになることをしたい」。「前の入院は、良い患者でいようと頑張り過ぎてた。今回は、甘えるのをもう一度練習してるのかなと思う。自分が素でいられることが大事なんだなって。やっぱり喋るってすごい。整理されていく。1人だと片づけられないと思う」。研修会での事例発表の許可を求めると、「すごく嬉しい。自分がこうやって生きてきたことが、誰かの役に立つなんて」と涙を流し、書面での了解を得た。

#37　「お母さんの期待に応えようと頑張ってしまう。でも、お母さんにしんどいとは言う」。

#38　ドナーの都合による移植方法の変更（骨髄→臍帯血）の説明を受けた後、Aさんが精神的に不安定となったため、主治医の依頼でTh.が予約外に訪室。「もう全部が嫌になってしまって」「さっき、歩行器で、道ではないところを一生懸命歩いてる夢④を見て。一生、歩行器がないと歩けないのかなって。全部、病気に奪われた」と涙。

#41　「彼氏に「もっと構ってほしい、生きてる実感がほしい」と言って。愛されてると思えると、生きてる実感も持てる」。「臍帯血をくれる赤ちゃんにC君って名前をつけたんです」。

#42　「文句も言うし、腹も立つけど、やっぱり一番話を聴いてもらえるのはお母さん。一番大事。お母さんを見送るまでは死ねない」。#43の面接当日に、臍帯血移植。

#44　「怠い。でも、それだけC君が頑張ってくれてるのかな。この病気以上に大変なのは、お母さんを見送るときかな。やっぱりお母さんが一番の味方。やっぱり話できてよかった」と笑顔。

#47　食べられない苦痛の一方で、臍帯血の生着に、「これからは、C君が守ってくれる。子どもを産めない私が、赤ちゃんに助けてもらうってすご

いこと」としみじみ語る。「人を育てる仕事をしたい。本当にやりたいことが見つかった。やっぱり話すのは大事」。

#50　「もうしんど過ぎて、死んだほうがマシって思うくらいやった」と涙目。「嫌な夢ばっかり。受験に落ちて泣いてる（夢⑤）。他の夢も、良い方向と悪い方向の２つあったら、必ず悪いほうにいってしまう（夢⑥）」と涙目。「別の夢⑦を思い出した。ハリー・ポッターのヴォルデモートみたいな闇の帝王が率いる闇の帝国軍と戦ってて、やられそうになってる。私と弟、義妹、お母さんの４人が最前線にいて、その後ろには、主治医やスタッフたち（Th.も含む）がいて、一緒に戦ってくれている。私はお母さんを自分の後ろに置いて守りながら戦ってる。闇のなかで戦ってるけど、月の光がすごく明るかったのが印象的。やられそうだったけど、勝てる気がした」。「やっと笑えるようになった」と笑顔。

#51　しんどくて何もできないことに「自己否定感が強い」と涙。「よい患者でいなきゃ、主治医たちが一生懸命やってくれてるのに応えなきゃって思ってしまう。自分で自分を苦しめてる」。

#52　「やっぱり今はお母さんと一緒にいたい。お母さんの笑顔が一番嬉しい。お父さんを早くに亡くして、お父さんの代わりにお母さんにいろいろやってあげたいのもある」。

#55　「血液細胞も全部Ｃ君のになってる。Ｃ君が頑張ってくれてる」。

#56　「甘えるって、自分ができないことを認めることなんだなと思って」。Ｘ＋１年４月に退院。

第Ⅲ期：Ｘ＋１年５月〜Ｘ＋１年８月

Ｘ＋１年５月、白血病の再々発で入院（治癒不可能で、５月いっぱいもたない可能性。無治療も選択肢）。Ａさんの希望で化学療法を開始（効果は未知数）。

#58　「生きたい。無理はしないけど、諦めないがテーマ。わかったとき、彼氏に電話したら、すぐ来てくれた。「駄目だったときは、私はあんたの彼女のまま死にたいから、ちゃんと看取ってね」と言って」。

#60 「あんまり我慢せずに言おうと思って。味方がたくさん。だから、まだ戦える。お母さんより長生きしないとね」。「寝巻も、もう好きなの着ようって。残りの時間を考えたら、好きなことしようと思って。治療も、自分の希望で」〈Aさんの希望が大事〉「頑張らないのは、ネガティブなことだと思ってた。でも、違うんですね。無理はしない。息をするみたいに自然に生きられたら」。

#61 全身痛で眠れず、「怖かった。もう頑張れない」と号泣。「もう諦めたほうが楽なんじゃないか」。「もう他人のことは考えてられない」の一方で、「上手くいかないと、主治医たちに悪いんじゃないか」。

#62 「今までは、この話をしようとか考えてたけど、昨日は自分の想いが初めて話せた。素の自分。ほっとした。他人にどう思われるかばかり気にしてて。でも、今自分が何を優先したいかで考えようと思う」。

#63 「ずっとちゃんとせな、いい患者でいようって、楽しむとか嬉しいと思ったらあかんと思ってきて。でも、そういうの許したらいいし、他人にどう思われようが、知ったこっちゃない」。父親との思い出を振り返り、「その日その日を一生懸命に生きてる意味では、お父さんを亡くした頃のお母さんに引けを取ってないんだと思えた。今日はまた嬉しいことがあった。お父さんの話ができた」と笑顔。

#65 「病気はやっぱり重い。いい子でいよう、意味のあることをしないといけないって思ってた。でも、もうできないもん、好きなことしたらいいと思って。今日喋れてよかった」。

#66 夢①（Aさんの状態が悪く、ナースが『Th.を呼ぼうか』と訊くが、Aさんは「大丈夫」と言う。その後、さらに状態が悪化し、Aさんは亡くなる。Th.は、Aさんはなんで呼んでくれなかったの？　と思う。）を見たTh.が予約外に訪室。「ちょうどTh.に話したいことがあったから、びっくりした」と笑顔。治療方針を巡る自己決定について「間違ってないよね？」と確認し、「頑張ってる自分を演出してた。でも、これだけしんどい思いしてきて、自分が決めたこと。他人がとやかく言えることじゃないし、言われても知らない。Th.に話せてよかった」。

#67 「抗癌剤だけで、こんなにしんどい。これ以上は無理。でも、諦めたわけじゃない」。「なんで？　って病気を恨んだことも。でも、本当に頑張った。褒められるし、自分の人生に意味があったなと思う。自分にずっと否定的だった。頑張ったと思えるのは、病気に感謝」。

#68 「今は無理してない。無理できない。自分に正直に生きてみようと思う。先を考えると恐怖。でも、しんどいと言ってるのは嫌。なら、短くても、Ａ（本名）として生きて、楽しいこととして過ごしたい。最後まで戦いたい。十分頑張ってると自分を褒められる。こういう自分になれてよかった」。「Th. と直接会って話せてよかった。言いたいこと、考えてることが確認できる」。「１人になったら、また落ち込んだと思う。せっかくここまでの関係になれたんだから」と退院後の面接も希望。通院治療を希望し、Ｘ＋１年６月に退院。

#69 「今、人生で一番楽しい。病気の不安も話せるし、ここで話すと自分の気持ちが整理できる。喧嘩もするけど、お母さんと一緒にいたい。守ってあげたいし、守ってもらいたい。彼氏も、この人でよかったなと思う。私には助けてくれる人がたくさんいる。だから、私はまだまだ生きると思う」。

#70 「２回目の移植でやっと鎧が外れて、今はそのなかにあった弱い自分に慣れていってる途中。そういう自分も好きだなと思って。まだ頑張ってしまうところはあるけど」。「最近、親子３人で一緒に暮らしてる感じがする。お父さんがお母さんと一緒にいさせてくれてるのかなって。やっぱりお父さんのことを考えると涙が出てきますね」と涙。

#72 「病気にすべてを奪われた。でも、諦めたくない。今は今日を生きようと思う。私の人生、何もいいことなかった。でも、そんなことなかった」。#72の約２週間後、急性アルコール中毒で救急搬送。

#73 「急に、無職でお金ばかり使う生活を続けてたら、お金がなくなるんじゃないかって先行きが不安に。死ぬのも生きるのも怖くて。あと、親友に『自由奔放に生きてる。お金を貸して』と言われて。明日死ぬかもしれないのに、なんでそんなこと言われないといけないの？　って。死に段々近づいていってる。好きなことしようとしてるけど、もうどうしていいかわから

なくなって（知人と飲酒）」。#73の数日後、緊急入院。白血球が10万と急増しており、内服抗癌剤を再開。X＋1年8月、内因性であるが、父親と同じ脳疾患が判明し、急な出血増加時、一両日中に死亡の可能性が生じ、抗癌剤も中止。

#75　状態悪化を受け、Th.が予約外に訪室。Th.のことは認識可能だが、壁を見つめ、「皆（Th.を含む医療者）が揃ってる」。

#76　意識清明で、「Th.に会えただけで涙が出てくる」と涙目。「お父さんが頭痛いって言いながら亡くなったから、すごく怖くて。お母さんや弟にもお父さんのことを思い出させて可哀想なことをした」。「さっき彼氏の菓子パンを少しもらって。愛のなせる力。一緒にご飯を食べるって、些細だけど、私にとってはすごく幸せで。甘えられたんですよ!!　私が怖がってて。思い切って飛び込んでも、Aって存在を受け止めてもらえるんだと思って。病気になってよかったなと思う」と笑顔。「絶対に負けない」。

#78　「病気になって、得たものも失ったものも。でも、得たもののほうが多いなぁ。病気になってよかったなと思う」。

#79　酸素投与中。Th.に気づくと、「Th.」と安堵。「しんどい」「もう嫌。助けてください」「ごめんなさい」と訴えつつ、「大丈夫、大丈夫」と自分に言い聞かせる。Th.も〈大丈夫、大丈夫〉と声をかけ、Aさんの身体を摩る。別の面接のため、〈また後で来ます〉と伝えると、Aさんはカッと目を見開く。約30分後にAさんは逝去（Th.は別の面接中）。

Aさんの死の数日後のTh.の夢②
　朝7時頃に誰かから電話がかかってくる。Aさんからの電話だと思う。家に帰ろうとすると、深い川があり、もういいやとAさんと一緒に川に入って溺れる。Aさんも私も全身状態が悪く、ベッドに寝かされている。陰陽のマークのように、2人の頭と足が反対の位置にある。その後、私は回復し、Aさんに足を絡ませている。

終結の８年後のTh.の夢③

　４回のゼミ生と２つの大型車に乗って出かけている。途中で、Ａさんの産んだ赤ちゃん、あるいは、Ａさん自身が赤ちゃんになった姿で、男女になって出てくる。私は２人を世話する。ゼミ生はいつの間にか、焼き肉を食べて、お酒を飲んでいる。私は２人の世話でなかなか食べれない。そのうち、男の子がうんちをして、うんちのついた手で、私の服を触ってくる。〈誰か呼んできて〉と言うが、ゼミ生は笑っている。さらに男の子は、私の顔にもうんちをつけてくる。赤ちゃんの関係者がやってきて、『これは大変だ』と何かを取りに行くのか、足早に通り過ぎていく。男の子は、私の顔中をうんちで塗りたくる。（途中失念）ある部屋で、２人の赤ちゃんが綺麗な姿になっている。どうやら、２人は別の世界の王子・王女様だとわかる。私たちは、ここで別れなければならない。女の子は、私を見ると嬉しそうにし、抱っこを求める。男の子も目を覚まし、嬉しそうに、『パパー』と両手を伸ばし、私は抱っこをし、強く生きてほしいと願う。引き出しを開けると、たくさんのピンバッチのようなものが出てくる。女の子がほしがるので、１つ選ばせると、ヴァイオリンのような形のものを選ぶ。お揃いのピンバッチがあったため、男の子にも渡す。２人と別れて、私はゼミ生とドアを出る。

４．考　察

（１）夢を通してＡさんが取り組んだ心理的作業──イニシエーションの観点から

　父親の死によって、父親の代わりに母親を守り支えなければと思い（＃１、２）、頑張るあり方をＡさんは強めたと考えられる。そのように甘えず頼らず生きてきたＡさんが、心理療法を機に、彼氏に甘え始め、夢①が語られた（＃６）。父親に抱っこされ安心感が生じたように、夢①では、Ａさんのなかに守りのイメージが内在化されていることが示唆される。また、連想された外食の記憶からは、父親の守りは、父性だけでなく、滋養を与え包み込む母性も兼ね揃えた守りとしてイメージされていたと推測される。母親が壊れる

不安から、父親の話ができなかった（＃１）ことを踏まえると、心理療法の初期に、父親の守りのイメージをTh.と共有できたことは意義深い。

その後、白血病の再発に呼応して夢②、③が訪れた。夢②では、亡き近親者がAさんを励まし、"なぜ病気になったのか？"という問いへの答えを複数の「試練」として与えており、イニシエーションの夢として捉えることができる。なかでも、「（母親を）笑顔で送り出すための試練」は、「お母さんを見送る」（#42）作業を通してこそ、Aさん自身があの世に向かうイメージも立ち上がってくることを示唆しているように思われる。また、夢②は、あの世への道案内と同時に、再発という危機において、大切な死者に見守られている安心感を与え、かつ、「彼氏の家に嫁ぐときの試練」として現実生活の指針も提供しており、Aさんの闘病を支えることになったと考えられる。

続く夢③では、聖なる場所に"登る"能動的動きから、一面に広がった毛布の色が"被さる"受動的動きへの転換が生じている。夢③を機に、Aさんが抱くようになった「生かされてる」（#33）感覚は、個人を超えて脈々と流れる生命のなかに自らが位置づけられることへの実感だったのではないかと思われる。また、その感覚は、白血病の再発という、自力ではコントロールできない事態が突きつけるAさん自身の限界の実感からも生じてきていたと考えられる。

さらに、夢③と軌を一にして、「甘えられない」（＃３）から、「自分が素でいられることが大事」（#33）との思いが生じてきた。こうした流れのなかで、Aさんは臍帯血の提供者の赤ちゃんに名前をつけ人格化することで（#41）、「C君が守ってくれる」（#47）など、関係を持つようになった。C君が体内に宿り息づくこと、「血液細胞も全部C君のになってる」（#55）とC君と一体化することは、子宮を喪失し母親になることができなかったAさんの女性性・母性の癒しにつながったと考えられる（#47）。

同時期、夢④、⑤、⑥、⑦が訪れるが、夢②、③とは夢の次元が異なる印象を受ける。夢②では、亡き近親者の見守りに安心感を抱き、夢③では、大好きな「祖母の毛布の色（オレンジ）」という、子宮に包まれるような暖かく保護されるイメージが現われる。また、夢③は"苦"がすべて取れること

から魔術的で、かつ、夢②、③はいずれも死者が登場しており、超越的次元の夢として捉えることができる。一方、夢④からは、「道ではないところ」を歩くAさんの身体感覚や苦悩が伝わり、夢⑤は「受験」というこの世的な事柄がテーマにもなっており、夢⑥は良い・悪いの二分法的思考が示されており、夢がこの世的かつ個人的次元へと降りてきたように思われる。こうした次元の違いについて、夢②、③は、白血病の再発という危機にあるAさんを支える意味合いが大きかったと考えられる。それに対して、夢④、⑤、⑥になると、Aさんが個として白血病と向き合おうとする姿勢が明確化してきており、それゆえに、夢④では、1人歩む孤独や苦悩、夢⑤では、「受験に落ち」るといったイニシエーションの失敗とみなしうる状態が示されることになったと思われる。

　そして、夢⑦では、「闇の帝国軍」との闘いとして、1人ではなく、近しい人たちと一緒に病気と闘っているイメージが現れている。夢②、③が、死者という守護神的イメージを示していたのに対して、夢⑦では、生きている人たちとともに闘っており、この世の次元で支えてもらえている実感がAさんに生じてきていることが窺える。また、印象的なのは、「闇」のなかの「月の光」である。河合は、その語源を踏まえて、臨床とは、「死という悲しい事実のなかに、それを超えた光を見出す仕事だった」と述べるが、夢⑦を通して、闇のなかにも光があること、闇のなかにこそ光があることを、Aさんは体験したのではなかろうか。そして、その体験は、「病気に感謝」（#67）、「病気になってよかったなと思う」（#76、#78）といった、「闇」ともみなしうる白血病についての語りとして結実していったと考えられる。

　白血病の再々発によって、Aさんは、「鎧」（#70）を外し、「素の自分」（#62）になっていった。そして、頑張るあり方を手放していくなかで、「こういう自分になれてよかった」（#68）と自己肯定できるようになっていき、通院治療を決断し、「人生で一番楽しい」（#70）時間を過ごした。ただ、再発の不安が常にあり、飲酒による無意識的な自殺企図からも、それは、"生"だけでなく、"死"をも意識した生き方であったと推測される。しかし、同時に、「諦めない」（#58）と宣言し、Aさんは最期まで白血病と戦い続け

第10章 死と夢　145

た。そのなかで、「ちゃんと看取ってね」（#58）と、甘えを言語化できるようになったことは意義深い。また、彼氏との体験を「甘えられたんですよ!!」（#76）と幸せそうに語ったが、それは、Aさんが求めていた「生きてる実感」（#41）そのものだったと思えてならない。

　以上のように、Aさんは、甘えに象徴される"他者に自らを委ねる"という心理的課題に命懸けで取り組み、頑張るあり方を少しずつ手放し、あの世へとイニシエートされていったと考えられる。また、「親子3人で一緒に暮らしてる」（#70）イメージが生まれたことから、心理療法を通して、Aさんは父親の喪の作業にも取り組んだと思われる。そして、外因・内因との差はあるが、父親と同じ脳疾患を得たことは、不安の一方で、あの世で自らの魂が父親に抱かれる可能性を示唆する体験でもあり、あの世へのイニシエーションの支えになったのではなかろうか。

（２）夢を通してTh.が取り組んだ心理的作業――結合と分離の結合

　夢①では、「大丈夫」と1人で頑張ろうとするAさんのSOSにTh.は気がつけず、その死への立ち会いを逸した。しかし、夢②になると、Aさんの呼びかけを聞き逃さず、Th.はAさんと一緒に「深い川」に入って溺れ、2人とも瀕死状態にあることが示唆されている。その際、「陰陽のマーク」の形で、1つの全体性を示すかのように、2人が結合しているのが印象的である。しかも、太極図は、2匹の魚をイメージさせることから、陰陽魚とも呼称され、無意識的次元での結合が示唆される。ただ、夢②の最後では、Aさんは死に、Th.は生き残ったことが暗示され、現実でも、死による分離が生じた。

　死別から8年後、夢③がTh.に訪れた。その間、Th.には、Aさんを内に宿し、共に生きている感覚があった。夢③では、Aさんの血を引き継ぐ赤ちゃん2人が登場するが、C君に生かされているとのAさんの思い（#47）に加え、赤ちゃんが生成や未来を象徴する点からも、そのイメージは非常に重要と考えられる。そこで、Jung[1]を参照しながら、夢②、③の流れを踏まえて、赤ちゃんの登場を捉えてみる。

　Jung[1]は、錬金術の図の1つである『賢者の薔薇園』が、心理学的変容の

過程を象徴的に表していることに気づき、10枚の図に、心理療法において、関係を通じてCl.とTh.がいかに変容していくかを読み取ろうとしている（図11メリクリウスの泉→図12王と王妃→図13裸の真実→図14浸礼→図15結合→図16死→図17魂の上昇→図18浄化→図19魂の回帰→図20新生）。それに準えれば、夢②で、Th.がAさんとともに川で溺れることによって、身体を水に浸す「浸礼」が生じ、その後、全身状態が悪く、太極図のように寝かされている様子として「結合」と「死」が示されている。その後、夢③では、男女対の赤ちゃんが誕生する「新生」の段階を迎えている。このように、夢②、③の流れからは、結合と死、新たな誕生を読み取ることができる。また、男の赤ちゃんがTh.にうんちを塗りたくり、共に排泄物にまみれることによって、AさんとTh.は改めて結合しているとも考えられる。

　夢③の後半、「2人は別の世界の王子・王女様」であるとわかるが、2人がAさんの血を引き継ぐことに加えて、ここでも、継承性のテーマが浮上している。その後、Th.は2人を別世界へ送り出し、4回生という現実の可能性に開かれた存在とともに、自らはこの世に向かう動きを見せている。この分離の動きを考えるうえでは、河合の論が示唆的である。河合は、心理臨床における弁証法的な動きを捉えるために、オルペウス神話を分析している。そこでは、オルペウスが妻であるエウリュディケを冥界から連れて帰ることはできないが、それは単なる喪失ではなく、エウリュディケはあの世に確かに存在するという意味で、「あの世に属するものとして」連れて帰るのであると述べられている。夢③においても、Th.と2人の赤ちゃんの別れは、単なる別離ではなく、2人が別の世界に確かに存在することを意味し、弁証法的な論理としては結合が実現しているのではないかと考えられる。

　また、別れ際、Th.が2人に渡したピンバッチが、「ヴァイオリンのような形」であることも興味深い。河合は、竪琴と弓の深い関連性から、オルペウスの竪琴を、霊界に届く響きを発する楽器として注目しているが、ヴァイオリンも弦楽器に属し、あの世とこの世をつなぐ音を奏でると考えられる。さらに、河合は、「音は遠くから発するものであると同時に、自分の耳に聞こえ、お腹に響くという近さを持っている」とし、音楽における遠さと近さ、

第10章 死と夢　147

分離と結合の同時性を指摘する。これらのことから、2人に渡したピンバッチは、別れと同時に、つながりを示す贈り物と考えられる。

　それならば、夢③は、Ａさんそのものと思われる赤ちゃん2人をあの世へと送り出し、Th.自身はこの世に戻ってくるという分離と同時に、2人とTh.の結合を示し、かつ、その結合は、個人的な転移・逆転移ではなく、あの世とこの世の関係として捉えることができるのではなかろうか。また、2人の赤ちゃんは、ＡさんとTh.の結合（夢②）による授かりものであると同時に、Th.がＡさんとの心理療法で得たことを赤ちゃんとして授かっているとも考えられる。さらにいえば、2人の赤ちゃんは、Ａさんの血を引き継ぐ意味で、Ａさんの生まれ変わりでありながら、Ａさんとの心理療法を通して新生したTh.でもあるかもしれない。そのように考えると、Th.がＡさんを見送るだけでなく、Th.が新たな世界へと生まれ変わらせてもらっており、両者は、あの世とこの世に分離しつつも、実はどちらがどちらかわからないほどに結合しているのかもしれない。

　河合が、あるモチーフの繰り返しや深まりとして、心理療法全体を見ていく姿勢の重要性を指摘しているが、Th.の夢①、②、③では、分離と結合が繰り返されながら深まっていき、そのなかで、あの世とこの世に隔たれつつも、ＡさんとTh.は相互作用しながら変容していったのではないかと考えられる。また、継承性の観点からは、Ａさんとの心理療法から引き継いだことを育み、次の誰かにそれを継承していくことが、Th.には求められるのだろう。

参考文献

（1）Jung, C.G.: Die Psychologie der Übertragung. *G.W.16*, Walter-Verlag, 1946.（林道義、磯上恵子訳『転移の心理学』みすず書房、1994年）

（2）河合隼雄『子どもと学校』岩波新書、1992年

（3）河合俊雄『心理臨床の理論』岩波書店、2000年

（4）仲淳「心理療法過程におけるセラピストの夢について―『心身的な共鳴』という観点から」『心理臨床学研究』20巻5号、417–429頁、2002年

第 11 章

死と精神分析
―― 『快感原則の彼岸』をめぐって

細澤　仁

1．はじめに

　精神分析理論における死の扱いは、結局のところ「死の欲動」をめぐるものとなる。

　「死の欲動」はいうまでもなく、フロイトが『快感原則の彼岸』[7]（以下、本文中では『彼岸』と略記する）のなかで初めて導入した概念である。この「死の欲動」は現代精神分析サークルのなかでは、極めて不人気である。メラニー・クラインは、「死の欲動」を自身の理論の中核に置いた精神分析家であり、現代において最も大きな勢力となっているクライン派の始祖である。しかし、現代クライン派においても「死の欲動」はあまり重視されていないようだ。ラプランシュとポンタリスの『精神分析用語辞典』[16]に次のような記述がある（読者の読みやすさと統一性を考慮に入れ、既訳がある引用に関しては、翻訳を一部改変したもの、および、原書から翻訳し直したものがある）。

　　フロイトが『快感原則の彼岸』のなかで導入し、その仕事の最後まで彼が支持し続けた死の欲動という概念は、彼の大多数の概念的貢献と異なり、弟子や後継者に受け入れられることはなかった。[16]

現代精神分析サークルの状況とは対照的に、「死の欲動」という概念は精神分析サークルの外側では巨大な影響を及ぼしている。精神分析サークルで不人気なのは、精神分析が科学や学問ではなく臨床の道具であるという事情にその理由がある。「死の欲動」という概念には臨床上の有用性がほとんどない。フロイト自身も「死の欲動」を思弁であると語っている。しかし、臨床上の有用性がないということと、人間理解をするうえでの概念的有用性の有無は別問題である。

とはいうものの、私は「死の欲動」という概念そのものの妥当性には関心がない。そもそも、私は精神分析の諸概念をほとんどまったく信じていない。しかし、「死の欲動」という概念について思いをめぐらせるという行為には大きな意義があると考える。そして、その行為は『彼岸』というテキストの読書体験のなかでしか意味を持つことはない。

本論では、私と『彼岸』というテキストの対話を記述したいと思う。

2. 『快感原則の彼岸』の要約

ここでは、『彼岸』を未読の読者のために、その内容を要約する。ここでの要約は、抽象化をできるだけ排除し、テキストに沿って詳しく要約する。理由は2つある。

1つに、私が、論文はそれ自体で完結しているべきであると考えているからである。本書は幅広い層の読者を想定しているので、読者のうち少なくない方が『彼岸』を未読の可能性が高いと考えられる。本論文を理解するために前もって『彼岸』を読むことを読者に強いるのは私の本意ではない。もちろん、本論文を読んで興味を持った読者には『彼岸』を読んでいただきたいと思う。

また、要約は要約する者の理解（先入見や偏見といってもよい）の影響を強く受ける。もう1つの理由は、テキストに沿って詳しく要約することで、私自身の考えが要約に入り込む余地を可能な限り排除することである。

『彼岸』を理解するうえで、まずフロイトの唱えたメタサイコロジーとい

150　第Ⅱ部　実践を支えるための専門知

う考えを理解する必要がある。フロイトは『無意識』(5)のなかで次のように語っている。

　心的プロセスをその力動的側面、局所論的側面、そして経済論的側面において記述することに成功したとき、私たちはそれをメタサイコロジー的説明と言うべきである、と私は提案する(5)。

　力動的な理解とは、心的現象をさまざまな力の葛藤や組み合わせにより理解することである。局所論的な理解とは、心的現象をフロイト前期の局所論（意識、無意識、前意識）、あるいはフロイト後期の局所論（エス、自我、超自我）の観点から理解することである。経済論的観点とは、心的現象を量的エネルギーの循環と配分から理解することである。
　さて、ここから『彼岸』の内容を比較的詳細に要約していく。『彼岸』は全7章で構成されている。

第1章
第1章の冒頭でフロイトは次のように述べている。

　私たちは、精神分析の理論において、心的出来事がたどる過程は快感原則によって自動的に調整されている、と想定することに躊躇いはない(7)。

　快感原則は、メタサイコロジーのなかでは経済論的な観点からの概念となる。フロイトによれば、快感原則とは、「心的出来事の過程が不快な緊張によって推進され、その過程は最終的な結果がその緊張の低減、すなわち不快の回避または快の産生と一致する方向を取る」という原則である。フロイトは、興奮の量と快・不快を関連させ、「不快は興奮の量の増大に対応し、快は興奮の量の減少に対応する」と述べている。しかし、むろんのこと、快感原則に逆らう他の力が存在するため、常に結果と快感原則が一致するとは限らない。人間が社会のなかで生きている以上、自身の快感原則と他者の快感

第11章 死と精神分析　151

原則が両立しない場合が多々ある。すなわち、個人が自己を保存するために
は、快感原則はむしろ危険なものとなりうる。フロイトは次のように述べて
いる。

　　自我の自己−保存欲動の影響の下、快感原則は現実原則に取って代わら
　れる。現実原則は、最終的に快を獲得する意図を放棄するわけではないが、
　それにもかかわらず、満足の延期、すなわち、快に至る長く間接的な道の
　りの一手段としての満足を得る多くの可能性の放棄や不快の一時的な許容
　を要求し実施する。[7]

　むろん、だからといって、快感原則がなくなるわけではなく、特に性的な
欲動として強力に作用し続ける。
　フロイトは、不快な経験の源泉を、快感原則が現実原則に代わること以外
にも指摘している。その不快の源泉は、「自我がより高度に合成された組織
への発展を通過する際に、心的装置の間に生起する葛藤と衝突」である。こ
れらの心的装置は内的な欲動によって発生するのだが、個々の欲動の目標や
要求が自我の統一に向かう欲動のそれと対立する事態となるのである。する
と、個々の欲動は、抑圧を通して自我の統一から分割排除され、心的な発展
の低い段階に留められるとともに、満足されなくなる。このような欲動が迂
回路を辿って満足を得ることもあるのだが、その場合には、自我はそれを不
快と感じる。すなわち抑圧によって、本来快の源泉であるべきものが、不快
の源泉となってしまうのだ。フロイトは、ここに神経症の原因を見ている。
　第1章の最後に、フロイトは重要な記述を行っている。

　　私たちが経験する不快の大多数は知覚の不快であろう。満たされない欲
　動による圧力の知覚かもしれない。あるいは、それ自体が苦痛であるか心
　的装置に不快な予期を喚起する、すなわち、心的装置が"危険"と認識す
　る外的知覚であるかもしれない。

152　第Ⅱ部　実践を支えるための専門知

そして、ここからフロイトは、外的な危険への心的反応の探究に向かう。

第2章

　フロイトは、まず、生命を脅かす事故の後に生じる「外傷神経症」と第一次世界大戦に多数発生した「戦争神経症」を取り上げる。そして、精神分析の王道である夢分析に触れ、外傷夢について検討してゆく。外傷夢は、フロイトが従来唱えていた「夢は願望充足である」という説に矛盾するのだ。ここで、フロイトは唐突に、ある1歳半の子どもの「遊びplay」について取り上げる。

　この子どもは、フロイトの娘ゾフィの子ども（すなわち、フロイトの孫）であることがわかっている。その遊びの様子を引用する。

　　その子は、1本の糸を巻き付けた木製の糸車を持っていた。その子には、たとえば、自分の背後で床に沿ってそれを引っ張り、馬車のようにして遊ぶということは思いつかなかった。その子がしたことは、糸車の糸を持って、とても巧みに幕で覆われた小児用ベッドのヘリの向こうに糸車を投げることであった。すると、糸車は向こうに姿を消すと同時に、その子は意味深長な“オーオーオーオー”を発した。それから、その子は、再び、小児用ベッドの向こうから糸を引っ張り糸車を引き寄せ、それが再び現れると、喜びに満ちた“ダー”［“あった”］と歓声を上げた。したがって、これは完結したゲーム——姿を消すことと元に戻ること——だったのだ。概して、第1の行為を目撃するばかりだった。それ自体、倦むことなく繰り返されるゲームではあったが、第2の行為により大きな快が伴っていたことは疑いがなかった。[(7)]

　フロイトは、この遊びが母親が一時的にいなくなることとその後再び現れることを表していると考えた。この遊びを繰り返すことと快感原則の関係はいかなるものなのであろうか？　遊びの後半は快感原則から説明可能であるが、遊びの前半が単独で出現することもあるという点は快感原則か

らは説明できない。そこで、フロイトは、「支配欲動」と「復讐衝動」の存在を仮定した。「支配欲動」の観点からは、母親がいなくなるという受動的経験を遊びのかたちで能動的に支配したことになる。「復讐衝動」の観点からは、遊びは母親への攻撃性の表れとなる。しかし、フロイトは、この章では結論を得ることはなく、「快感原則の彼岸にある傾向」について示唆することで本章を締めくくっている。

第3章

フロイトは、まず精神分析の目標である無意識の意識化について触れている。精神分析の黎明期には、分析家が患者の無意識を言語化、すなわち解釈することが目標であったのだが、それだけでは十分ではなく、患者が自らの回想によって、この解釈を確認することが必要であると判明した。このときに「抵抗」が働くので、分析家がこの抵抗を発見し解釈することもその仕事となっていった。

しかし、これらの方法を通しても、無意識の意識化という目標を完全に達成することができなかった。患者は、抑圧されたものを「想起する」ことができず、「反復する」しかないのである。この反復が分析家との間で生起するとき、それは「転移」と呼ばれる。神経症が転移神経症に変化するのである。

さて、フロイトは、この精神分析に現れる転移を「反復強迫」と呼んだ。そして、治療に抵抗するのは「無意識的なもの」「抑圧されたもの」ではなく自我である。自我の大部分は無意識である。自我による抵抗は、「抑圧されたもの」が意識に上り、不快になることを防止しているので、快感原則に役立っているといえる。問題は反復強迫と快感原則の関係である。反復強迫は快感をもたらす可能性がまったくない過去の体験を呼び起こす。神経症者は、過去の苦痛な状況や情緒を転移のなかで反復し、「生き直す」のである。

そして、このようなプロセスは、神経症的ではない人にも、あるいは、精神分析のなかではなくても、認められる。この場合の反復強迫は「宿命」と呼ばれる。フロイトが挙げた例を引用する。

154　第Ⅱ部　実践を支えるための専門知

かくして、私たちは、すべての人間関係が同じ結末となる人々と出会ったことがある。たとえば、その他の点では様々に異なるにも関わらず、しばらくすると、被保護者各々によって怒りの中に打ち捨てられ、まったくひどい忘恩を味合う宿命を持った恩人。あるいは、友情が常に友人の裏切りに終わる人。あるいは、自分の人生において何度も誰かを私的ないし公的な権威へと祭り上げて、それからしばらくしてその権威を自分自身で覆し、新しい人に取って替える人。あるいは、さらに、女性との愛情関係が常に同じ段階を踏み、同じ結論に達する恋人。この"同じ事柄の永劫回帰"は、それが当該人物の能動的行為と関係しており、その人のなかに常に同一のものとして留まり、同じ経験の反復の中に現れるしかない基本的な性格－特徴と認識できる限りは驚くほどではない。より印象深いのは、主体が、自身では影響を及ぼすことができないにもかかわらず、同じ運命の反復と出会う受動的経験を持つように見えるケースである。たとえば、３人の男性と結婚した女性で、その夫それぞれが、そのすぐ後に病に倒れ、その臨終に立ち会わなければならなかった女性のケースがある。⁽⁷⁾

　この記述の後、フロイトは、「転移のなかでの行為や男女の生活史に基礎を置くこうした観察を考慮に入れると、快感原則に優越する反復強迫がこころのなかに実際に存在すると仮定する勇気を見出すだろう」と述べている。そして、フロイトは、反復強迫は快感原則よりも根源的で、欲動に満ちたものと結論づけている。

第４章
　フロイトは、本章の冒頭で「これから続く記述は思弁である」と述べている。
　フロイトは意識の機能から考察を進める。意識が産出するものは「外的世界から訪れる興奮の知覚と心的装置の内部からのみ生起することができる快と不快の感情」で構成されている。知覚－意識システムは、外界と内界の境界に位置する。そして、「それは外的世界に向けられていて、他の心的シス

テムを包み込んでいる」とされた。

　ここで、フロイトは、「最も単純な形態の生命を持つ有機体を刺激への感受性がある物質によって構成された未分化な小胞として」描いている。外的世界と接する表面は、刺激受容器官として機能するようになる。そして、この器官はやがて変化しなくなり、刺激の受容には有利な状況となる。意識システムは、最大限の変化を被っているために、興奮の通過によってそれ以上の変化が生じなくなる。

　また、生きた小胞は外的世界を漂っており、刺激から生命を守るために、刺激に対する保護障壁を有している。小胞の表層がある程度無機的なものとなり、刺激に抵抗する膜となるのだ。刺激の受容の主目的は、外的刺激の方向と性質の発見である。感覚器官は刺激のある特定の効果を受容するための装置で構成されているが、過剰な量の刺激にはさらなる保護を行い、不適切な刺激を排除するのである。

　ここで、フロイトは「無意識的な心的プロセスは、それ自体、“無時間的”である」と述べている。時間という抽象的な観念は知覚－意識システムの機能様式に由来している。

　ここまでの内容をまとめ、そして、次なる論点を導入するために、フロイトは次のように記述している。

　私たちは、生きた小胞が外的世界からの刺激に対する障壁を備える様相を指摘してきた。そして、この障壁に隣接する皮質層が外部からの刺激の受容器官として分化するに違いない。しかしながら、この敏感な皮質が後に意識システムとなり、内部からの興奮も受容するのだ。このシステムが内部と外部の間に存在するという状況、そして、この２つの場合の興奮の受容を支配する条件の相違が、そのシステムと全心的装置の働き方に決定的な影響を与えるのだ。外部に対しては刺激に対する障壁があり、それを侵害する興奮量は削減される結果となる。内部に対してはそうした障壁は存在しえない。より深層における興奮はそのシステムに直接届き、その量が削減されることはない。この特定の特徴に応じて、一連の快－不快の感

情が産み出される。

　ここから、快と不快の感情はあらゆる外的刺激に優越するとされた。さらには、不快を増大させる内的興奮を取り扱うために、内部からの興奮を外部からの興奮として取り扱い、刺激障壁を作動させるという防衛が用いられるようになる。これが投影の起源である。

　フロイトは、保護障壁を突破するほどの強力な外部からの興奮を「外傷性の興奮」と記述した。外的外傷が有機体のエネルギーの働き方をかき乱し、あらゆる防衛手段が行使される事態となると、快感原則は活動できなくなる。身体的な苦痛に特異的な不快は限定的な領域で保護障壁が突破された結果である。突破されたところに高度なエネルギー備給を行うために、全身から備給されたエネルギーが動員される。そのため、他の心的システムは貧弱となり、心的機能は麻痺する。高度に備給されたシステムは新たに流入するエネルギーを受け入れ、それを静止した備給に変化させる、すなわち、心的にそれを拘束するのだ。そして、フロイトは、外傷神経症を刺激に対する保護障壁が広範囲な侵入を受けた結果と見なした。

　フロイトは、従来、「夢は願望の充足である」という命題を提示してきた。「不安夢」や「罰の夢」も例外ではない。しかし、外傷神経症の夢は願望充足に分類することはできない。また、精神分析において、小児期の心的外傷の記憶が蘇ることもあるが、これも願望充足に分類することはできない。これらの夢は反復強迫に従い生起するのである。

第5章

　第5章において、フロイトはついに「死の欲動」を提唱する。

　刺激を受容する皮質層は、内部からの興奮に対して保護障壁を持たないので、刺激の伝達が経済論的には重要となる。内部からの興奮の最も豊富な源泉は有機体の欲動である。フロイトは、無意識における心的プロセスを「一次過程」と呼び、通常の覚醒状態において展開する「二次過程」と区別した。一次過程は自由に流動する備給であり、二次過程は拘束された備給である。

第11章 死と精神分析　157

この拘束が失敗すると、外傷神経症に類似した障害が生じる。

　反復強迫の顕れは欲動的な性格を示している。これが快感原則に反する働きをしているとき、「デモーニッシュな」力が出現することになる。そして、フロイトは次のように宣言する。

　　欲動は事物のより早期の段階を再建しようとする有機体に内在する衝動であるように思われる。生命体は、外的な妨害の圧力の下、その状態を放棄しなければならなかったのだ。

　フロイトは、欲動の保守的な性質について述べている。有機体の欲動が保守的であり、事物のより早期の状態の再建に向かう傾向があるならば、有機体の発展という現象は外的な妨害による迂回の影響に原因があると考えられる。フロイトは次のように結論づけている。

　　生きるものすべてが内的な理由で死ぬ（すなわち、再び無機物に戻る）ということに例外はないとする考えを真実と取るならば、私たちは「すべての生命の目的は死である」、そして、逆から言うならば、「生命のない物が生命のあるもの以前に存在していた」と言わざるをえないであろう。

　原初では、生命は、生じるとすぐに死んでいたが、「決定的な外界の影響」により、もともとの生命の経路から大きく逸脱し、死という目標に到達される前に複雑な迂回路を辿ることになった。

　フロイトは、性欲動を死の欲動に対立するものとして措定している。性欲動は固有の生の欲動であり、生命の維持を求める。

第6章

　第6章は、まとめとフロイトの言い訳が記述されている。

　フロイトは、改めて、死の欲動＝自我欲動と、生の欲動＝性欲動の二元論を強調している。自我欲動は生命のない物質に生命が賦与されることで発生

し、生命のない状態を再現しようとしている。性欲動は生命の原始的な状態を再現するものであり、胚細胞の融合を追求する。

　本章では、ナルシシズム論も展開されており、かなり重要な論点なのだが、そこも含めて論じると膨大な紙幅が必要となるため、省略することにする。また、フロイトは、サディズムとマゾヒズムの問題に触れ、マゾヒズムを一次的なものとしている。

　フロイトは、本章の後半で次のような言い訳を書いている。

　しかしながら、いくつかの批判的内省を付け加えざるを得ない。これらの文章中のなかで述べられた仮説の真実性について私自身が確信しているかどうか、そしてどの程度確信しているのか、尋ねられるかもしれない。私の回答は、私は確信を持っておらず、そして、他者にそれらを信じるように説得するつもりもない、というものになるであろう。あるいは、より正確に言うと、私がそれらをどれくらい信じているかわからないのだ。確信という情緒的要素がこの質問に入り込む理由はないように私には思われる。一連の思考にその身を投げ出し、単純な科学的好奇心からそれが導くところならどこまでもそれを追求し、あるいは、読者が好むならば、決して悪魔にその身を売ったわけではない悪魔の代弁者として追求することは可能であるに違いない。私がここで取り上げた欲動理論の第三歩はそれ以前の第一歩と第二歩（性欲という概念の拡張とナルシシズムという仮説）と同じ程度の確実さを主張することはできないという事実に異論を唱えることはできない。これら二つの革新は観察を直接的に理論に翻訳したものであり、そうした場合すべてに付き物の誤謬の元程度のものがあるくらいである。欲動の退行的性格に関する私の主張も観察された素材、すなわち、反復強迫という諸事実に基づいているのだが、私はそれらの意義を過大評価しているのかもしれない。そして、いずれにせよ、この種のアイデアを追究しようとするならば、繰り返し事実に即した素材を純粋に思弁的なもの、それゆえ経験的な観察からかけ離れているものと結び付けるほかないのである。ある理論を構築する過程でこうしたことが頻繁に起これば起こ

第11章 死と精神分析　159

るほど、ますます最終的な結果は信頼に値しないことを私たちは知っている。しかし、不確実さの程度を指定することはできない。怪我の功名となる人もいれば、おそろしく誤った道に行ってしまう人もいるだろう。この種の作業に、いわゆる「直観」が果たす役割は大きくないと考える。私の見るところ、直観とは、ある種の知的公平・中立の産物であるように思われる。しかしながら、不幸にして、究極的事象、科学や生命の大問題にかかわることに関しては、人々が公平・中立であることはほとんどない。そうした場合、私たちはみな、深く根差した内的偏見に支配されており、私たちの思弁は知らず知らずのうちにその術中に陥っているのだ。

第7章
第6章で『彼岸』は実質的に終了している。本章の要約は省略する。

3.「死の欲動」の反響

先述したように「死の欲動」は現代精神分析サークルのなかでほとんど受け入れられていない。精神分析サークルの内部での「死の欲動」をめぐる評価について詳細に論じることは、この論文の役割を超えているので、ここでは、フェレンツィとメラニー・クラインのみを取り上げる。フェレンツィについては馴染みのない読者も多いと思われるので、私の近刊を参考文献に挙げておく[10]。一方のメラニー・クラインは、フロイト以降の重要な精神分析家のなかで「死の欲動」を自身の思索の中心においた数少ない精神分析家である。

フェレンツィは、「望まれない子どもと死の欲動[4]」という論文のなかで、次のように記述している。

子どもは、莫大な量の愛、やさしさ、世話が費やされることによって、自分が意図したわけでもないのに、外界に連れ出したことについて両親を許すよう導かれなければならない。さもないと、破壊的衝動が直ちに動き

始めるのだ。幼児が個人としては非存在に近く、大人ほどには生の経験によって非存在から分離されていない以上、これは本来、驚くべきことではない。それゆえ、この非存在への逆戻りは子どもの方がたやすく起こりやすい。[(4)]

フェレンツィは晩年、フロイトと理論的にも臨床的にも遠ざかっていき、欲動論から外傷論に回帰していくのだが、「死の欲動」に関しては、少なくともこの時点ではフロイトの考えを踏襲していることは明らかである。

次にクラインの考えを検討することにする。クラインの最後の重要な理論的仕事といわれている「羨望と感謝」[(13)]に次のような記述がある。やや長いのだが、かなり重要なので引用する。

　私の議論を明確にするために、早期の自我に関する私の見解に対していくらか言及をしておく必要があるだろう。私は、自我は出生後、初めから存在していると考えている。もっとも、それは原始的な形であり、一貫性を著しく欠いていると思われるが。すでに最早期に自我は多数の重要な機能を遂行している。この早期の自我はフロイトが定式化した自我の無意識的部分に近いかもしれない。フロイトは、自我が最初から存在するとは想定していなかったが、私の見るところ、自我だけが遂行できるある機能を有機体に帰したのだった。私の見解（この点では、フロイトの見解と異なる）では、内部における死の本能による絶滅の脅威が根源的な不安であり、そして、生の本能のために（おそらく、生の本能によって作動され）、その脅威をある程度外部にそらすのが自我なのだ。フロイトは、死の本能に対するこの基本的防衛を有機体に帰したが、私はこのプロセスを自我の主要な活動と見なしている。[(13)]

グロースカース[(9)]は、「生物学の素養を欠いていたので、彼女（クライン）は死の本能を厳密に心理学的観点から解釈した」と指摘している。フロイトの「死の欲動」という思弁は、よくも悪くも、心理学的なものではなく、生

物学的なものである。そのため、心理臨床という実学的な分野では、この概念に有用性はあまりないのだ。

さて、「死の欲動」が精神分析に与えた影響は少ないのだが、皮肉なことに精神分析以外の世界、たとえば現代思想に与えた影響は大きい。この点に関しても、詳細に論じることは本論文の役割を超えているので、刺激的な論考であるデュフレーヌの『〈死の欲動〉と現代思想[2]』を挙げておく。

ここで、フロイト以降の生物学の発展に伴い明らかとなってきた生物の死のありようとその意味についての現代的見解を紹介し、フロイトの「死の欲動」の関係についても検討してみたい。私は生物学の専門家ではなく、また、読者の読みやすさも考慮に入れ、田沼の『ヒトはどうして死ぬのか—死の遺伝子の謎[20]』と小林の『生物はなぜ死ぬのか[14]』の２冊を参考図書として挙げておく。

生物学の分野では、プログラムされた細胞死という考えがある。死を制御する遺伝子が存在し、細胞は自ら死んでいくのだ。この現象はアポトーシスと呼ばれている。細胞にはもうひとつの死に方、すなわちネクローシスがある。ネクローシスは、外部からの刺激で起こる細胞死であり、細胞が膨張し、細胞膜が破れて中身が細胞外に流れ出す。一方のアポトーシスは、細胞が自ら収縮し、アポトーシス小体に断片化してゆく。比喩的に表現するならば、ネクローシスが「事故死」であり、アポトーシスは「自殺」である。

このありようは、「外傷性の興奮」による保護障壁の突破、および、内部からの興奮である「死の欲動」というフロイトの考えに近似している。小林は『フロイト講義—〈死の欲動〉を読む[15]』のなかで、フロイトの「死の欲動」とアポトーシスを結びつけて論考している。フロイトの生物学的思弁とフロイト以降の生物学の発展による生物の死の意味づけの偶然の一致については興味深いものがあるが、それ以上の意味を見出すことは困難である。

死は進化が作った生物の仕組みである。生物は死ぬという事実は変化と選択という進化のプロセスのなかで有利であったと考えられる。すなわち、生物が死ぬことには積極的な意味合いがあるのだ。この考えはダーウィン的な進化論に準拠している。

一方のフロイトは、ラマルク流の進化論に傾倒していた。フロイトの「死の欲動」はあくまで彼の個人的な生物学的思弁と捉えるべきである。一方で、メラニー・クラインのように「死の欲動」を心理学的に解釈することはフロイトの意図に反する読解となることに注意が必要である。

4．「死の欲動」をめぐる個人的見解

　フロイトの「死の欲動」は、フロイト自身がいっているように「思弁」である。それは科学的な概念ではない。そもそも精神分析自体が科学ではない。アタッチメント理論の始祖であるボウルビィはその著作のなかで、次のように語っている。

　　新しい理論的アイデアを提示したすべての分析家が遭遇した問題は、その新しい理論は‘精神分析ではない’との批判である。もちろん、そうした批判は、私たちが精神分析をどのように定義するか次第である。とても不幸なことに、精神分析をフロイトの理論の観点から定義することがあまりにもまかり通っている。この事態は学術的学問分野によって採用される定義とは対照的である。その定義は研究されるべき現象と解決されるべき問題という観点から常になされるのだ。そうした学問分野では、進歩は、理論の変化、ときに革命的な変化でしばしば示される。分析家が精神分析を特定の理論の観点から定義し続ける限り、彼らは自身の専門分野が学問から冷遇されていると不平を言うべきではない。さらには、そう定義することで、彼らは精神分析を凍り付いた惰性に追い込んでいるのだ。[1]

　精神分析は科学ではないだけではなく、ボウルビィがいうように、学問ですらないのだ。精神分析は臨床の装置であり、そのありようは伝統芸能に近い。とはいうものの、デュフレーヌのいうように、精神分析が命脈を保っているのは「無知、知的未熟、狂信的傾向、精神分析協会の政治活動」の賜物である、としてしまうとしたら、それがいかに事実の一端を示しているにし

第11章 死と精神分析　163

ても、いい過ぎであろう。伝統芸能には伝統芸能の真実性と有用性があるのだ。ここでの論点は、精神分析の非科学性をあげつらうことではなく、フロイトの「死の欲動」を科学や何らかの学問的な概念ではなく、フロイトの個人的「思弁」と捉えることの重要性を指摘することである。

　先に引用したように、フロイト自身が「不幸にして、究極的事象、科学や生命の大問題にかかわることに関しては、人々が公平・中立であることはほとんどない。そうした場合、私たちはみな、深く根差した内的偏見に支配されており、私たちの思弁は知らず知らずのうちにその術中に陥っているのだ」と語っている。この言述を真摯に受け止めるならば、フロイトの「死の欲動」の本質は、彼の「深く根差した内的偏見」とするしかない。そこには科学的意義は存在しない。しかし、そうだからといって、そこに何の意味もないわけではない。

　現代において、死の意味は科学の領域から最も先鋭的に探究されている。しかし、死は極めて個人的なものである。「私の死」と「他者の死」とは意味が異なる。ジャンケレヴィッチが死をめぐる浩瀚な書籍を刊行したが、そこでも死を「第一人称態」「第二人称態」「第三人称態」と区別している。「他者の死」はあくまで事実である。たとえば、山田風太郎の『人間臨終図鑑　Ⅰ、Ⅱ、Ⅲ』を読めば、その事実性は明らかであろう。しかし、事実性とパーソナルな思いが一致するわけではない。私たちの胸に迫るのは、親密な他者の死と自分自身の死である。

　そして、問題は、最も重要な死である自分の死を人は体験することができないということである。エピクロスがいうように、「われわれが存するかぎり、死は現に存せず、死が現に存するときには、もはやわれわれは存しない」のである。死を体験できない以上、死の意味は科学的に探究するか思弁で探究する他ないのだ。

　とはいえ、死について真に意味ある事象は自身の死であろう。それはあくまでパーソナルなものである。パーソナルなものであるにもかかわらず、パーソナルな体験として語りえないもの、それが死である。そのため、死は謎めいており、ある種の魅惑となっている。臨死体験の語りは世の中に溢れて

いる。死をめぐる饒舌と死の沈黙に思いを馳せることがおそらく重要なのだろう。

　フロイトの「死の欲動」は自身の死をめぐる個人的な死生観なのだ。そこには科学的意義はないが、個人的な真実性がある。私たちの生は死によって規定されている。フロイトの「死の欲動」は私たちが自身の死について思いを巡らせる触媒である。「メメントモリ」、それこそがフロイトの無意識的な意図であろう。

5．睡眠と死、そして夢——退行をめぐって

　私は退行という現象に臨床的にも理論的にも魅せられてきた。私の退行に関する臨床的・思索的な集大成が最近刊行された。そして、私も歳を取り、私自身の死も遠からず訪れる。

　先述のように、フロイトは「死の欲動」を退行的な力と捉えていた。また、フロイトは夢を退行と捉えていた。当初、フロイトの忠実な弟子であったフェレンツィは、その著作のなかで、睡眠と性交を子宮内状況への退行と捉えた。睡眠と死の類似はもちろんのことありふれた事柄であるが、その真実性は文学や哲学等の文化に大きな影響を与えている。たとえば、シェイクスピアの『ハムレット』では、「生きるか、死ぬか、それが問題だ」という有名な台詞の少し後で、次のような台詞が登場する。

　　死ぬとは——眠ること、それだけだ。そう、眠れば終る、心の痛みも、この肉体が受けねばならぬ定めの数々の苦しみも。死んで眠る、ただそれだけのことなら、これほど幸せな終りもありはしない！　眠れば、たぶん夢を見る、そう、そこが厄介なのだ。

　ここに、安らぎとしての死とそれをかき乱す夢というテーマが見て取れる。夢のなかに欲動がそのままのかたちで現れることはなく、欲動は夢の仕事によりさまざまに加工される。安らぎに関しては、フェレンツィにならえば子

宮内回帰願望という退行的な欲望として理解しうるし、フロイトにならえば無機物に回帰する「死の欲動」と理解しうるだろう。フェレンツィの子宮内回帰願望はまだ感覚的にわかりやすいが、フロイトの「死の欲動」は受精よりさらに以前への退行を意味している。フロイトの考えの基盤には、自己が生まれる前の非 - 存在と自己が死んだあとの非 - 存在との違いについての哲学的・宗教的な問いが存在する。

さて、フロイトの考えを敷衍すれば、夢は「生の欲動」と「死の欲動」の力が交錯する場と考えることもできそうである。生まれる前の途轍もなく長い時間の非 - 存在と、死んだあとのこれまた途轍もなく長い時間の非 - 存在の狭間で束の間の時間の人生はそのはかなさゆえに、まさに夢に類似している。そして、人生を夢の比喩で語ることは文化的にはありふれてもいる。夢とリアルには質的な差異がないことは「胡蝶の夢」からも明らかであろう。心理臨床において夢を取り扱うことの重要性もここにあるのかもしれない。

6. おわりに──フロイトとショーペンハウアー

それにしても、死について考えることにいかなる意味があるというのだろう。プラトンの『パイドン』[17]のなかで、ソクラテスは「哲学者たちは、死にゆくことを練習している」と語っている。死こそが生を規定しており、その事実からさまざまな哲学や宗教が生起したと考えてよいであろう。

フロイトは哲学に対してある警戒感を持っていた。フロイトは、自分のアイデアの優先権についての主張が激しく、それはときにいきすぎていた。このことが哲学に対する警戒感につながっている。フロイトの言葉を引用しよう[8]。

　　　私が観察から遠ざかったときでさえ、私は、注意深く、哲学そのものといかなる接触も回避してきた。この回避は、私が性質として不得手であることで大いに促進されてきた。私は、G.T.フェヒナーの考えを常に受け入れ、多くの重要な点でその思想家に従ってきた。精神分析はショーペン

166　第Ⅱ部 実践を支えるための専門知

ハウアーの哲学と相当に一致しているが（彼は感情の優位性と性愛の至高の重要性を主張しただけではなく、抑圧の機制にも気付いていた）、私は彼の教えを知っていたわけではなく、そこに跡付けられるべきではない。[8]

　フロイトは、ショーペンハウアーの影響を必死に否定しているが、その影響関係はショーペンハウアーの著作とフロイトの著作をともに読むならば、明らかである。ニーチェの著作がニーチェ流のショーペンハウアー論であるのと同様に、あるいは、キリコの絵画にショーペンハウアーの思想が反響しているのと同様に、フロイトの思考にはショーペンハウアーの思索が刻印されている。
　フロイトは、1917年の時点で、ショーペンハウアーの「意志」とフロイトの「欲動」を同一のものであると述べている。[6]このときはまだ、フロイトは「死の欲動」を唱えていなかったこと、ショーペンハウアーの「意志」は「生への意志」であることを考え合わせると、フロイトの「生の欲動」はショーペンハウアーの「生への意志」の翻訳と考えてよいであろう。
　ショーペンハウアーの『意志と表象としての世界　続編』の終わり近くに次のような記述がある。

　　死ぬことが生本来の目的と見なすべきものであることはたしかである。すなわち、死の瞬間に、人生の全行路をつうじて準備され、導かれてきたにすぎないいっさいのことが決せられるのである。死は生の成果、要約、あるいは、生がそれまでわずかずつしか与えてこなかった教訓の全部をいっきょに言いつくしてしまう合計額である。その教訓とは、生がその現われにすぎないところの努力、この努力のいっさいが無駄な空虚な、たがいに矛盾するものでしかなかったということ、またこの努力を捨ててしまうことが救済であるということである。[18]

　ショーペンハウアーは、まず、「いっさいの認識を欠く盲目的な生への意志」を措定した。そこから「死の恐怖」が出現する。すなわち、「死の恐

第11章　死と精神分析　167

怖」は認識から生じるのではなく、「生への意志」の裏返しなのだ。さらには、ショーペンハウアーは、死を自我でないものになる、すなわち、自由となるチャンスと考えている。死は、平安と穏和であり、「ニルヴァーナ」なのだ。ショーペンハウアーは、それを「原状回復」と呼んだ。フロイトの退行論的な「死の欲動」とショーペンハウアーの「意志」と「死」をめぐる思索はここにおいて交錯する。

参考文献

（1）Bowlby, J.: *A secure base: clinical applications of attachment theory.* Routledge, 1988.（二木武監訳『母と子のアタッチメント―心の安全基地』医歯薬出版、1993年）

（2）Dufresne, T.: *Tales from the freudian crypt: the death drive in text and context.* Stanford University Press, 2000.（遠藤不比人訳『〈死の欲動〉と現代思想』みすず書房、2010年）

（3）Ferenczi, S.: Thalassa: a theory of genitality, 1924.

（4）Ferenczi, S.: Das unwillkommene Kind und sein Todestrieb (1929). In: *Schriften zur Psychoanalyse II: Conditio Humana: Ergebnisse aus den Wissenschaften vom Menschen.* S. Fischer, 1972.（森茂起、大塚紳一郎、長野真奈訳「望まれない子どもと死の欲動」『精神分析への最後の貢献―フェレンツィ後期著作集』岩崎学術出版社、2007年）

（5）Freud, S.: The unconscious (1915). *S.E. vol.XIV.* pp.159–190, Hogarth Press, 1957.

（6）Freud, S.: A difficulty in the path of psycho-anlysis (1917). *S.E. vol.XVII.* pp.135–144, Hogarth Press, 1955.

（7）Freud, S.: Beyond the pleasure principle (1920). *S.E. vol.XVIII.* pp.7–64, Hogarth Press, 1955.

（8）Freud, S.: An autobiographical study (1925). *S.E. vol.XX.* pp. 1–74, Hogarth Press, 1959.

（9）Grosskurth, P.: *Melanie Klein: her world and her work.* Maresfield Library, 1986.

（10）細澤仁『退行を扱うということ―その理論と臨床』日本評論社、2024年

（11）出隆、岩崎允胤訳『エピクロス―教説と手紙』岩波文庫、1959年

（12）Jankélévitch, V.: *La mort.* Flammarion, 1966.（仲澤紀雄訳『死』みすず書房、

1978年)

(13) Klein, M.: *Envy and gratitude and other works, 1946–1963* (The Writings of Melanie Klein). Free Press, 1984.（小此木啓吾、岩崎徹也責任編訳『羨望と感謝（メラニー・クライン著作集5）』誠信書房、1996年）

(14) 小林武彦『生物はなぜ死ぬのか』講談社現代新書、2021年

(15) 小林敏明『フロイト講義―〈死の欲動〉を読む』せりか書房、2012年

(16) Laplanche, J., Pontalis, J.B.: *Vocabulaire de la psychanalyse*. Presse Universitaire de France, 1967.（村上仁監訳『精神分析用語辞典』みすず書房、1977年）

(17) プラトン（納富信留訳）『パイドン―魂について』光文社古典新訳文庫、2019年

(18) Schopenhauer, A.: *Die Welt als Wille und Vorstellung. Band II*. Brockhaus, 1844.（有田潤、塩屋竹男訳『ショーペンハウアー全集7』白水社、1974年）

(19) Shakespeare, W.: *The tragedy of Hamlet, prince of Denmark*. 1604〜1605.（野島秀勝訳『ハムレット』岩波文庫、2002年）

(20) 田沼靖一『ヒトはどうして死ぬのか―死の遺伝子の謎』幻冬舎新書、2010年

(21) 山田風太郎『人間臨終図鑑 Ⅰ・Ⅱ・Ⅲ』徳間文庫、2001年

第 12 章

「豊かな死」の経済思想
──ケアと福祉国家

江里口拓

1．マシュマロ・テスト──フィッシャーと時間選好

「財産を遺して死ぬよりも、現世を豊かに生きたほうがよい」

　フィッシャーという経済学者の死に捧げられた言葉である［注1］。貨幣・金融論の巨人フィッシャーは世界大恐慌（1929年）で全財産を失うという皮肉な人生を歩んだ。フィッシャーは「財産を遺して死ぬ」ことはなかったが、経済学者としての偉業を遺し、「現世を豊かに生きた」ようである。そしてフィッシャーに捧げられた冒頭の言葉は、経済学から「死」を見つめ直すにあたって、重要な導きでもあった。

　フィッシャーは19〜20世紀のアメリカの経済学者であり、経済学に「時間」要素を取り入れるという偉業をなした。その分析ツールに時間選好利子論がある。それまで素朴な選択理論にすぎなかった経済学が、時間選好利子論の登場で、今日と明日、さらに遠い将来との間での意志決定を扱えるようになった。経済学が人生への語りに一歩近づいたのである。

　時間選好の原語はtime preferenceだが、「時間」選好ではなく「現在」

　［注1］18世紀のイギリス人文学者サミュエル・ジョンソンの言葉。フィッシャーの伝記の扉文に息子が捧げたもの(17)（10頁）。フィッシャーの経済思想については、中路による(17)優れた解説に依拠している。

選好と理解したほうがイメージしやすい。人間は、遠い先の未来より、今ここの「現在」を好む（選好する）という考え方である。時間選好利子論は、幼児心理学のマシュマロ・テストによく似ている。大好きなマシュマロ１個を未就学児の前に置き、観察者が数分間その場を離れる。「マシュマロを食べたければベルを鳴らせばよい。しかし、戻ってくるまで食べずにガマンできれば、ご褒美に２個目のマシュマロをもらえる」と約束しておく。観察者が離れた直後にベルを押してしまう子もいれば、欲望に耐え抜いて２個目のマシュマロを手に入れる子もいる［注２］。

　この２個目のマシュマロは、フィッシャーのいう「利子」にあたる。人間は、現在消費と将来消費の快楽量を比較したとき、現在消費の快楽量を高く見積もってしまう。先送りされた将来消費の快楽量は、現時点で評価するといくらか色あせて見える。この場合、この価値の目減り分に応じた埋め合わせ＝「利子」が得られないと、消費の先送り（＝貯蓄）をする気はおきない。さらに、利子率が十分に高ければ、現在消費よりも貯蓄が有利となることもある。経済成長すなわち富が増大しつづける社会では、消費よりも貯蓄を、現在よりも将来を重視するという経済道徳が形成されることをフィッシャーはうまく説明している。

　さて、本書の課題である「死」を語るとき、人生前半（学齢・就業期）と人生後半（リタイア期）という二分法が有益だと思われる。このうち時間選好利子論の描く世界は人生前半によく当てはまる。マシュマロ・テストの統括者Ｗ.ミシェルも、乳幼児期のテスト結果とその後の人生の成功・失敗とを結びつけようとしていた。

　親がゲームで遊びたい子どもをなだめて塾通いさせるのは、高学歴による高年収（＝利子）を期待してだろう。もらえるご褒美の利子（出世の経済的利益）が同じでも、これを十分に高いと納得してゲームの欲望に打ち克てるのは意志が強い（現在選好が低い）子どもである。宿題をせずに目先のゲームを優先してしまうのは意志の弱い（現在選好が高い）子どもである。意志

［注２］マシュマロ・テストについては、ミシェル[5]を参照。

の弱い子どもは、非現実的なほど高い利子が確約されない限り努力を忌避しがちなので、長期的には成功できない、ということになる。

　職業生活でも、サボりたい欲望に負けずに努力できるのは、意志が強い（現在選好が低い）からであり、努力を避けて、給料を使い果たすのは、意志が弱い（現在選好が高い）からである。こうした経済社会において、親や教育にできるのは1つ目のマシュマロを食べない忍耐、すなわち現在よりも将来を大切に思う生活態度を身につけさせることであろう。

　アダム・スミスによって経済学が確立して以来、経済発展と個人の成功は、所得を即座に消費せずに貯蓄すること（＝資本蓄積）にかかっていた。マシュマロ・テストの人間観は、目先の消費欲望に耐えて、将来に果実をもたらす賢明な姿でもあり、節欲と貯蓄は、市場社会の経済道徳となった［注3］。他方でこの経済道徳は不安定さも内包していた。「貯蓄は美徳」という経済道徳は、後にJ.M.ケインズによって「消費」を軽視していると批判されることになった。また心理学からすれば、「今ここにある心」から我々を遠ざけるものであるだろう。これらの問題は後半で再び触れるとしよう。

2．死への恐怖と生存権——ベンサムの功利主義

　「死」に近い人生後半（リタイア期）は、どう扱われてきたのだろうか。もちろん典型的な説明もある。世界初の自由経済社会である18〜19世紀イギリスで、「死」や老後は節欲と貯蓄という人生前半の経済道徳の延長であった。M.ウェーバーによれば、勤労による貯蓄（世俗内禁欲）はカルヴァン主義（救済予定説と不可知論）のもとでの魂の救済を約束した［注4］。財産が人徳にも比例するという思想は、ブルジョアジーのみならず下層の一般民衆の行動も規定した。そうしたなかで、「死」を直接に論じた代表者は、

［注3］19世紀イギリスにおけるこの経済道徳は「ヴィクトリアの美徳」として新自由主義が登場したサッチャー時代のイギリスで再注目を集めた。
［注4］ウェーバーを参照。キリスト教とかなり距離のある日本でも、類似した貯蓄・勤労貯蓄道徳が根強く存在することも指摘されている。井手を参照。

J.ベンサムであろう。

19世紀イギリスの自由主義経済では、死や高齢者の介護なども、節欲と貯蓄という経済道徳のもとで個人責任とされてきたが、ベンサムも基本は同じであった。しかし、ベンサムの特殊性は、自由主義の自己責任論に、「生存権」をつけ加えたことである。それは、自己責任社会での「生存」すなわち「死の回避」についての議論であった。

その思想は「功利主義」として知られる。功利主義は快楽pleasureと苦痛painの心理動機をもとにする。快楽を最大化し苦痛を避ける人間行動は倫理学の基礎でもあった。ベンサムの倫理学で、社会の快楽を増大させるものは「善」であり、苦痛を増大させるのは「悪」と定義される。ここで個人の快楽と苦痛は計算可能な量として合算できるとされる。すると、社会の幸福（福祉）とは、「善」（快楽の集計量）から、「悪」（苦痛の集計量）を差し引いた余剰ということになる。功利主義は、この余剰の最大化、つまり「最大多数の最大幸福」をモットーにする。ここからベンサムは、自由主義に「生存権」という要素をつけ加えた。

ベンサムの「生存権」は、限界効用逓減の法則の応用である。限界効用逓減とはこうである。1杯目のビールはおいしいが、2杯目、3杯目……と快楽（満足）が減少していく法則である。1単位の消費から得られる快楽量は、消費量が増えるにつれて、徐々に減少していくのだ。生存に欠かせない主食のパンも、空腹時には大きな快楽をもたらすが、徐々に満腹になると見たくもなくなってしまう。

ベンサムは「生存権」を次のように説明する。ひときれのパンから得られる満足は、飢餓にある貧困者にはこのうえなく大きいが、満腹の富裕者には無価値に近い。ここで「最大多数の最大幸福」に照らせば、このパンを富裕者から貧困者に分け与えるのが合理的である、と。富裕者の苦痛（悪）はほとんどなく、貧困者は非常に大きな快楽（善）を手に入れるので、プラスマイナスで幸福の集計量（社会の福祉）が増大するからだ。ベンサムはこうした功利主義（集計主義）から、飢餓状態にある貧困者に所得を再配分し、「死の苦痛」を回避させる制度（「救貧院」）の確立を主張した。

こうしたベンサムの「生存権」は、福祉国家の出発点であった。もちろんベンサムの「生存権」は、今日の健康で文化的な最低限度の生活にはほど遠い。ディケンズ『クリスマス・キャロル』の主人公スクルージーは、「救貧院」での死を恐れて、晩年に自己の不道徳を改めたほどだ。ベンサムの「生存権」から200年以上が経過した現代日本では、公的年金、医療保険、介護保険が成立している。高齢者福祉はいまだにさまざまな課題を抱えてはいるが、ベンサムが見た極貧による惨めな「死」は回避され、むしろ制度化される「死」がそこにあると思われる。問題は、そうした「死」にいたるまでの、日本人の経済行動＝生き方である。次に、ライフサイクル仮説について見てみよう。

3．現世を豊かに生きる——ライフサイクル仮説

ライフサイクル仮説とは、寿命を所与としたときに最も合理的な経済活動を説明するものである。それは、以下のような図12.1で表すことができる。

縦軸が貯蓄額と消費額と表し、横軸が年齢である。資産は、稼得開始Oの年齢から増大していき、引退年齢Eでピークとなり、寿命Fをもって再びゼロになる山型をたどる。稼得期間の所得の平均額をOAで表すと、消費の平均額はOBとなり、貯蓄はABとなる。消費の平均額OBについて、稼得期間はもちろん引退年齢を過ぎても同じ金額が理想である。そのうえでABCD（貯蓄額）とCEFG（資産の取り崩し額＝老後の消費）を同じにする、つまりOBの大きさの消費を死の瞬間まで継続し、資産をちょうどゼロにすることができれば最も合理的ということになる。人生後半については、「財産を遺して死ぬよりも、現世を豊かに生きたほうがよい」のである。

ライフサイクル仮説に照らして日本の高齢者の貯蓄を見てみよう。全国民の金融資産2,141兆円のうち60歳以上が保有する資産が約63.5％を占めると推計されている［注5］。単純計算すると、60歳以上の家計は全体で1,359兆円の金融資産を保有する計算になる。また、高齢者世帯（65歳以上）の貯蓄高については、平均値が2,376万円、中央値が1,588万円である［注6］。

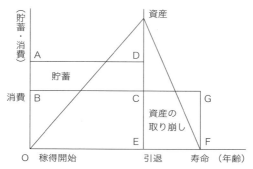

図12.1 ライフサイクル仮説（文献６の図〔24頁〕を簡略化して筆者が作成したもの）

平均値が中央値を上回るのは、貯蓄が高所得高齢者に偏在しているからである。

さらに、2022（令和４）年度「国民生活基本調査」から作成した２つのグラフを見てみよう。グラフ12.1は、横軸が世帯主の年齢（10歳刻み）、縦軸が各貯蓄階級別の割合を表している。さらに、グラフ12.2は、同じデータソースから、「貯蓄額2,000万円以上の割合」を取り出してグラフ化したものである。ここでいう貯蓄額2,000万とは、老後の資産の目安が2,000万円という政府見解をもとにしたもので、便宜的なものである。

グラフ12.2に見られるように、貯蓄金額が最も大きいのは、60代の高齢者世帯である。退職後に貯蓄額が最大という点で、日本人にも傾向としてはライフサイクル仮説が当てはまるようにも見える。しかし70代、80代と年齢を重ねても、ライフサイクル仮説に沿って貯蓄額がゼロに近づくペースは非常に穏やかであることが知られている［注7］。

［注５］金融資産総額については日本銀行による「資金循環統計（速報）2023年第４四半期」[18]の参考図表の図表１を、60歳以上の金融資産保有率については内閣府「令和５年版高齢社会白書（全体版）」[16]18頁の図1-2-1-7を参照した。
［注６］高齢者世帯の貯蓄現在高については内閣府「令和５年版高齢社会白書（全体版）」[16]18頁の図1-2-1-6を参照した。

第12章「豊かな死」の経済思想　175

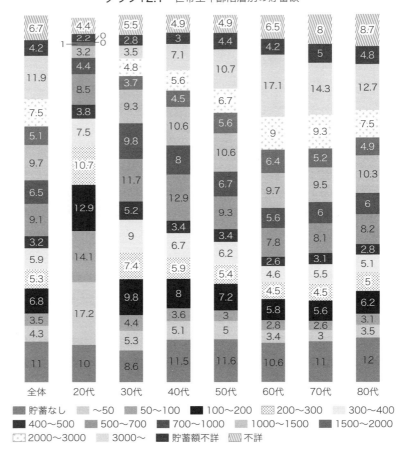

グラフ12.1　世帯主年齢階層別の貯蓄額

[注7] ライフサイクル理論と日本の高齢者世帯の貯蓄率については宇南山[6]を参照。ライフサイクル仮説では高齢者の貯蓄率はマイナスになるが、日本では資産を大きく取り崩す状態には至っておらず、貯蓄率もそれほど低くない、とされている（461頁）。

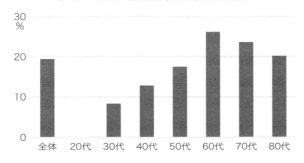

グラフ12.2　貯蓄額2,000万以上の割合

4．自己実現とケア──マズローとメイヤロフ

　大前(8)は、こうした高齢者の貯蓄行動を、日本経済の長期停滞の一因と見なす。つまり、最後のライフステージを支える質の高いサービス消費が不足しているという分析である。日本の停滞を打破するには、「最後に『いい人生だった』と思えるか」をキーワードにした「シニアビジネス」の高度化が求められることになろう。それは経済の停滞を「消費」の不足に見出すJ. M.ケインズの観点と同じでもある。

　以下では、大前(8)の問題提起をうけて、経済思想からの再検討を行いたい。具体的には、「死」と介護を見直すにあたり「ケア論」に着目する。「ケア論」の重鎮メイヤロフによれば、「一人の人格をケアするとは、最も深い意味で、その人が成長すること、自己実現することをたすけることである」と説明される(20)。一生かけて欲望を変化・成長させ続ける人間に対し、ケア提供者はおのおのの局面において、価値と意味にかかわるナラティブを紡ぐ伴走者たりうる。食事・排泄・医療という身体イメージに押し込まれがちな介護・看護・その他のケアには、本来、より高次で本源的な欲望充足の余地があることになるだろう。とすれば、福祉国家の役割には、人間の心にふみ込んだより哲学的な再考が必要となろう。

　ここでメイヤロフのいう「自己実現」という用語を、有名なマズローの欲

第12章「豊かな死」の経済思想　177

図12.2 マズローの欲求五段階説

求五段階説を背景にして再考してみよう。図12.2はマズローの欲求五段階説の概略である[2]。

図12.2を、平均的な資産のある相対的高所得の高齢者の目線で眺めてみよう。彼らは、持ち家があり、穏やかな老後を送っているとする。年金や介護保険などの社会保障に守られており、（1）生理的欲求、（2）安全の欲求が欠乏しているわけではない。ベンサムの意味での「生存」はすでに達成されている。しかし、（3）所属と愛、（4）承認と自尊心になるとやや怪しくなる。これまで仕事一筋でやってきた男性高齢者などは、夫婦関係の見直しを求められたり、趣味の世界で承認欲求・自尊心を満たす術を求められる。「熟年離婚」「第2の人生」など、巷にはこうした（3）（4）をめぐる高齢者の自己啓発的な言説が溢れている。

さらに、（5）自己実現となるとどうであろうか。人間の生涯にわたる精神発達が上首尾に展開した場合、この第五段階は、死を間近にして渇望する心理的欲望に相当すると考えられるだろう。しかし、現在の日本での「自己実現」の語りは、もっぱら職業的栄達と関連した文脈が多いようである［注8］。こうした価値は一部の職人の世界ではいまだに根強いことは事実である。しかし、大多数のサラリーマン世帯にとって、こうした職業＝自己実現の言説には現実味が欠けているだろう。マズロー自身の言葉に聴いてみよう。

　自己実現は人格の発達と考えることができるが、それは、人が未発達か

［注8］秋山[1]は、1973年から2013年までの日本の「自己実現」をめぐる文献数を追跡し、「自己実現」と職業との関係性が若年層ほど強化されている現実について批判的に分析している。さらに、「自己実現」が、マズローのいう実存的意味から乖離して「私実現」というべきものに矮小化されているという主張は、本論のマズロー解釈におおいに参考になった。

らくる欠乏の問題や、人生における神経症の問題から脱却し、人間生活の
"現実"の問題に立ち向かい、これに耐え、これととりくむことができる
ようになることである。つまり、自己を実現するということは、問題がな
くなることではなくて、過渡的あるいは非現実的な問題から、現実的な問
題へと移ることである。ショッキングにいえば、自己実現する人は、自己
を受け入れ、洞察力をもつ神経症者ということさえできると思う。という
のは、こういういい方は、"本質的な人間状況を理解し、受け容れる"こ
と、つまり、人間性のもつ"欠陥"を否定しようとするのではなく、これ
と立ち向かい、勇気をもって受け容れ、これに甘んじて楽しみさえ見出す
というのと、ほとんど同じだからである。(マズロー、147-148頁)[3]

　マズローによれば、「自己実現」とは職業的栄達とは直接関係はない。職
業からリタイアした高齢者を例にとるならば、現実に迫る「死」を「神経症
的に」恐れながらも、そうした人間の不条理を「受け容れ」た精神状態のこ
とである。さらにいうならば、マシュマロ・テストの経済道徳が抑圧しよう
とする「今ここにある心」のありようと、自己の現実を統合しようとする意
志といえるだろう。
　職業生活や経済道徳と切り離された人生後半(リタイア期)に「自己実
現」を考えるときこそ、メイヤロフのケア論の真骨頂が見えてくるように思
われる。

　　相手が成長し、自己実現することをたすけることとしてのケアは、ひと
　つの過程であり、展開を内にはらみつつ人に関与するあり方であり、それ
　はちょうど、相互信頼と、深まり質的に変わっていく関係をとおして、時
　とともに友情が成熟していくのと同様に成長するものなのである。(メイ
　ヤロフ、14頁)[20]

　ホスピスや終末期医療への看護、認知症がさほど重度に進んでいない介護
現場、においてメイヤロフのケア論は輝きを放っている。人が「死」を前に

第12章「豊かな死」の経済思想　179

ふと人生を見つめ直す。介護される身となり、ベッドを中心とした生活になったとき、あらゆるケア提供者との間で交わされる日常のやりとりには、人間の最も尊い価値が見出されるのである。そこには、臨床心理士、理学・作業療法士、ソーシャルワーカー、宗教者、介護・看護職員などのさまざまな専門性に基づいたカウンセリングがありうる。

　しかし、現実の介護現場において、典型的な介護労働者の労働は、正当に評価されていない。介護労働者の平均年収は年収約401万円（男性）と、平均給与（男性）の約563万円に対して大幅に低く設定されている［注9］。公的介護保険はその半額を税（主に消費税）、半額を保険料（月額平均6,014円）として運営され、財政規模は、制度発足時（2000年）の約5兆円から2023年現在約12.8兆円にまで拡大している。1,200兆円にのぼる膨大な財政赤字を抱える日本で、少子高齢化による社会保障支出の増大に歯止めをかける必要が叫ばれ、歳出削減圧力のもとで介護労働者の賃金は低く抑え続けられてきた。低い報酬単価のもとで、過密な身体介護が繰り返されているのが実態である。

5．ケアの経済的本質——ラスキンとシュンペーター

　もちろん福祉労働者の劣悪な労働条件にはしばしば注目が向けられてきた。しかし、少子高齢化で勤労者の負担が増え続けるなかで、介護労働者の待遇改善には、保険料を上げるか、税（消費税）を引き上げる必要がある。しかし、財政学者のいう「財政錯覚」によれば、受益者にとって財政の実態は見えにくく、福祉サービスの便益も実像より安く認識されてしまうバイアスがはたらく。介護職員の劣悪な労働条件への同情が集まりつつも、それは介護保険料・消費税のさらなる引き下げ要求と、しばしば容易に併存してしまう。

［注9］厚生労働省「令和5年賃金構造基本統計調査 結果の概況」にもとづき、筆者が計算。これによれば、10人以上の事業所の「介護職員（医療・福祉施設等）」の男性は、決まって支給する現金給与額が282.4千円、年間賞与その他特別給与額が621.4千円となっている。男性の平均年収については国税庁による。

しかも、2000年からの介護保険自体が、低所得高齢者に相対的に大きな負担を強いる一方で、高所得高齢者の負担を大幅に軽減し、財政負担を大幅に免除していることはあまり知られていない。

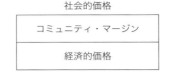

図12.3　ラスキンにおけるケア労働の2要素

まとめると、日本の高所得高齢者は、多額の資産を持ち、介護保険の負担は相対的に軽く、介護労働者の労働条件は劣悪だが、財政負担の引き上げは忌避されがちであるという実態が見えてくる。質の高いケアを求める側には多額の資産があり、ケアを行う側のケア労働は正当に評価されていない。メイヤロフのケア論は、こうした需要と供給の「裂け目」に落ちたまま放置された、より高次な未充足ニードの存在を気づかせてくれる。

そしてもう1人、イギリスの哲学者ラスキンは、ケアの需要者と供給者との間でのこうした不幸な断絶についていち早く警鐘を鳴らしていた。ラスキンの言葉を聞く前に、そのエッセンスとして図12.3を見ていただきたい。

図12.3の含意は、あるべき「社会的価格」が、「経済的価格」の部分と、それに追加される「コミュニティ・マージン」の二重構造にあるというものである。

ここでいう「経済的価格」とは、市場の需要・供給で長期的に決定される価格を意味することにしておこう。そこには原価と利潤が含まれ、市場が競争的だと利潤は低下し、これ以下なら事業撤退となる最低レベルで落ち着くだろう。対して「社会的価格」のうち、「コミュニティ・マージン」と呼ぶべき部分は「経済的価格」に上乗せされる対人サービスの費用のことである。それは、商品やサービスの売買に上乗せされたコミュニティ関係に必要な条件の貨幣換算である。経済原則からは、客が瞬時に商品を選び速やかに店を去ってくれたほうが効率的であろう（回転率）。しかし、コミュニティ関係を含む「社会的価格」の世界では、合間の世間話や雑談は、そうでなければ利益を生み出したであろう時間と労力という資源を提供するものであり、何らかの埋め合わせがなければ長期的には供給されえない。

第12章「豊かな死」の経済思想　181

日本経済の「失われた20年」は、「コミュニティ・マージン」が削られて
いったプロセスでもあった。商店街の小規模店が、量販店より高いのは、規
模の経済性を除けば、「コミュニティ・マージン」が上乗せされているから
だ。逆に量販店・ネット通販では、「コミュニティ・マージン」が徹底的に
排除されコストダウンが行われる。同時に20年間ほぼ横ばいの日本の賃金
のもとで消費者は安価さのみを追求していく。コスト面では量販店・ネット
通販に太刀打ちできない「社会的価格」の世界は徐々に駆逐され、シャッタ
ー通りになっていく。安価さの追求は、ひいては労働者全体の賃金引き下げ
を惹起し、購買力を低下させて、さらなる安価さを希求していく。これがデ
フレスパイラルの姿でもあった。

　「コミュニティ・マージン」の消失、「経済的価格」のみへの経済の矮小化
について、ラスキンはその結末を見抜いていた。彼は、「主人」と「使用
人」（ケア提供者）を例に次のように述べていた。

　　主人と使用人に、一定の活力と分別とがあると仮定すれば、最大の物質
　的成果は、互いに対立することではなく、互いの情愛をつうじて得られる
　であろう。もし主人が使用人からできるだけ多くの労役を搾り取るのでな
　く、むしろ使用人の所定の必要な仕事をも、かれに配慮し、正当で健全な
　方法で互いの利益をのばしてやろうと努力するなら、いたわられた人によ
　って、究極的になされる実質的な仕事、つまり報いられる利益の量は、最
　大限に大きくなろう。（ラスキン、原書11–12頁、訳書24–25頁［注10］）

「使用人」とはヴィクトリア期の中産階級に雇用されていた家事使用人の
ことである。家事使用人は、炊事洗濯から家計管理、アフタヌーンティの準
備、さらには話し相手として重要な役目を果たし、時には、年老いた主人に

［注10］ラスキン[21]については、原書の頁数と訳書の頁数をそれぞれ併記する。訳文は訳書
に従っていない。
［注11］家事奉公人（家事使用人）[15]については竹内を参照。

182　第Ⅱ部　実践を支えるための専門知

寄り添うケア労働者・感情労働者でもあったであろう［注11］。ラスキンは、優れた使用人が中産階級のステイタスでもあり、その賃金を値切る行為は慎重に遠ざけられたという慣習に着目する。ケアの本質において、安い賃金は、質の低いサービスを意味した。使用人のケアは、経済関係を超えたコミュニティ（対等な人間関係）の要素が含まれ、内発的で心づくしの行き届いたものが理想とされた。オクスフォード大学美術史教授のラスキンはその審美眼から、ケア労働の理想型を、市場原理に上乗せされたコミュニティ要素を含む二重構造に見出したのである。

　ラスキンによれば、経済が本来の豊かさを発揮できるのは、経済が「情愛によって最大の力に達したときだけ」である（10頁、23-24頁）。「なぜかといえば、情愛というのは、経済学のいう他の動機や条件をすべて無視するときにのみ真の力を発揮する」からである（13頁、26頁）。したがって「いかなる人間の行為も損得の差引残高によらず、正義の差引残高によって左右されるべき」ことになる（7-8頁、21頁）。ここでいう「正義」とは、「情愛」のやりとりにおける対等な人間関係である。図12.3でいうなら、メイヤロフのケア労働は、ラスキンの「正義」のもとで初めて成立しうることになる。それは「コミュニティ・マージン」を含む「社会的価格」が成立した状態のことである。すると、そこにおけるケア労働とは、サービスの経済的対価として一対一で対応する「損得勘定の差し引き」から提供されるものではなく、コミュニティ的な対応関係を前提とした自発性に価値があることになろう。

　他方で、こうしたコミュニティ的要素を欠く市場経済では、「労働者は労働需要によって変動する賃金で雇用され、景気の偶然でいつ仕事から投げ出されるかもしれぬ危険を負わせられている。こうした不安定な状態では、いかなる情愛の作用も起こるはずはない」のである（17頁、29頁）。こうした「経済的価格」のみからなる経済社会は非常に貧しい社会であると当時に、「安かろう悪かろう」でいわば低位均衡した停滞社会ということになろう。

　「創造的破壊」という言葉で有名なシュンペーターは、利潤率が競争的にゼロに低下する傾向を打ち破るのは「技術革新」だと喝破した。「技術革

新」は、IT技術などでイメージされがちだが、「新結合」が本質とされる。「新結合」とは、すでに存在する要素どうしを結びつけることで新しい価値を生み出す作業であり、利潤率の低下傾向を回避させるものである。シュンペーターの発想を借りれば、メイヤロフのケア論をもとにした「コミュニティ・マージン」の復権によるケア労働への再評価こそ、大前の問題提起への回答になるだろう[13]。高次な欲望に基づく経済においてその本質がケアにあるとすれば、本質を削り取る価格競争を回避し、本来、日常にありつつも価値を見失われたものと、それを真に欲している者を「新たに結合」させる可能性に満ちているからである。一方には多額の資産を持つ高所得高齢者が、他方で潜在的に高次の欲求を満たしうるケア提供者のサービスへの再評価が結びつけば、介護や医療に限らずに、カウンセリングなどの、人と人とのつながりをベースとしたより大きなサービス経済というマーケットへの波及効果を持っているからである。

　サービス化された成熟経済においては、マズローのいう高次な欲求をめぐる価値の再評価が絶えず促される。「最後に"良い人生だった"と思えるか」という視点は、自己実現の高次欲求に応答するケア労働を、「社会的価格」成立による利潤率低下の反転策として、成り立たせる可能性に満ちている。

6．豊かな死——塩野谷の福祉国家の哲学

　昔ながらの商店街での買い物は、実は、商店主との何気ない会話、人間関係を前提としたコミュニティ的要素を有していたのかもしれない。同じく、ケア労働者の労働も、単なる契約的な身体介護に終始するものではなく、本来、カウンセラー的な要素を持つ。あるいは、このカウンセリング部分のない介護は、ラスキンのいう意味で、おそらく非常に貧しい「損得勘定」に基づいたサービスということになろう。

　そして、その貧しさは、経済社会で我々が行う「値切り」の結果であり、介護保険財政における「財政錯覚」による税負担回避の結果である。「福祉

国家の危機」を救うべく登場した新自由主義思想は、財政改革にはある程度成功を収めたが、ケアについては、サービスの値切りを行うことで、福祉国家の本質を失わせている面があるのだ。

国立社会保障・人口問題研究所所長を務めた経済思想家の塩野谷祐一は、福祉国家の使命を「人格的完成、卓越」にあると述べた。ここには、塩野谷の敬愛するカント、ヘーゲルらのドイツ観念論哲学が見て取れる。難解な塩野谷の「人格的完成、卓越」という概念を、マズロー、メイヤロフ、ラスキンの延長で読み替えることも可能かもしれない。塩野谷は次のようにも言っていたからである。

　　社会保障の出発点である「基礎的ニーズ」は、人間の生物的生存のためのミニマムな条件としてではなく、人間の卓越・向上・自己実現のためのミニマムな条件として考えるべきである。[12]（252頁）

つまり「人格的完成、卓越」とは、例えばマズローのいう「自己実現」欲求への到達として理解できるかもしれない。そして、そうした生涯にわたる精神発達の過程において、死を前にした人生後半は、「人格的完成、卓越」という最も高次な段階であろう。メイヤロフのケア論のいう「自己実現の手助け」によれば、ケア提供者（介護・看護労働者、カウンセラー、家族）は、いずれも対等で自発的な語りを通じて、人間精神の発展の最終段階に立ち会っていることになろう。とすれば、ケア労働者が、専門性に応じてケア労働を適切に提供しうるべく、ラスキン流の財政的配慮こそが、福祉国家の機能発揮の条件であることは疑いない。

経済停滞、財政赤字の累積、少子高齢化による社会保障負担など、福祉国家に立ちはだかる課題は山積している。もちろん低所得の高齢者の介護問題も決して忘れるべきではない。しかし、他方で、高所得の高齢者が多額の貯蓄を残したまま、ありうる「豊かな死」から排除されているという事実は重い。このケア市場は、シュンペーターのいう「新結合」による「技術革新」の余地を残しているかもしれない。

第12章「豊かな死」の経済思想　185

フィッシャーの死に捧げられた冒頭の言葉は、英国人サミュエル・ジョンソンの作であった。日本の現実が天国から見えているに違いない文豪ジョンソンならば、こう書き直してくれるかもしれない。

「財産を遺して死ぬよりも、豊かに死んだほうがよい」

参考文献

（1）秋山憲治「職業における自己実現志向の問題性とその背景」『静岡理工科大学紀要』23巻、39-47頁、2015年

（2）A.H.マズロー『人間性の心理学—モチベーションとパーソナリティ 改訂新版』産業能率大学出版部、1987年

（3）アブラハム・H・マスロー（上田吉一訳）『完全なる人間—魂のめざすもの第2版』誠信書房、1998年

（4）井手英策『幸福の増税論—財政はだれのために』岩波新書、2018年

（5）ウォルター・ミシェル（柴田裕之訳）『マシュマロ・テスト—成功する子・しない子』ハヤカワ文庫 NF、2017年

（6）宇南山卓『現代日本の消費分析—ライフサイクル理論の現在地』慶應義塾大学出版会、2023年

（7）江里口拓「介護保険と低所得者世帯—公的年金をベースにした所得階級別の介護費負担についてのシミュレーション分析」『社会福祉研究（愛知県立大学文学部社会福祉学科）』9巻、1–14頁、2007年

（8）大前研一『「老後不安」を乗り越えるシニアエコノミー』小学館新書、2023年

（9）厚生労働省「令和5年賃金構造基本統計調査 結果の概況」2024年（https://www.mhlw.go.jp/toukei/itiran/roudou/chingin/kouzou/z2023/index.html）

（10）厚生労働統計協会編『国民の福祉と介護の動向2023/2024』「厚生の指標」増刊号、2023年

（11）国税庁「令和4年分民間給与実態統計調査結果について」2023年（https://www.nta.go.jp/information/release/kokuzeicho/2023/minkan_2023/pdf/01.pdf）

（12）塩野谷祐一『経済と倫理—福祉国家の哲学』東京大学出版会、2002年

（13）シュムペーター（塩野谷祐一、東畑精一、中山伊知郎訳）『経済発展の理論—企業者利潤・資本・信用・利子および景気の回転に関する一研究 上・下』岩波文庫、1989年

（14）J.R.ディンウィディ（永井義雄、近藤加代子訳）『ベンサム』日本経済評論社、1993年

（15）竹内敬子「労働と文化—『平凡な日常』とアイデンティティ」井野瀬久美惠編

『イギリス文化史』昭和堂、2010年

（16）内閣府「令和5年版高齢社会白書（全体版）」2023年（https://www8.cao.go.jp/kourei/whitepaper/w-2023/html/zenbun/index.html）

（17）中路敬『アーヴィング・フィッシャーの経済学―均衡・時間・貨幣をめぐる形成過程』日本経済評論社、2002年

（18）日本銀行「資金循環統計（速報）2023年第4四半期」2024年

（19）マックス・ウェーバー（中山元訳）『プロテスタンティズムの倫理と資本主義の精神』日経BP社、2010年

（20）ミルトン・メイヤロフ（田村真、向野宣之訳）『ケアの本質―生きることの意味』ゆみる出版、1987年

（21）Ruskin, J.: *"Unto this last": four essays on the first principles of political economy*. J. Wiley & son, 1866.（飯塚一郎、木村正身訳『この最後の者にも―ごまとゆり』中公クラシックス、2008年）

第 13 章

孤独死と死の社会学

松宮　朝

1．孤独な死と死の社会学

「同じ夜に何千人死のうと、人はただひとりで死んでゆく」

　歴史に名を遺した15歳から121歳までの著名人、約1000人の死に際を描いた山田風太郎による『人間臨終図鑑』の一節である（52頁）。さまざまな死に際、死の場面が死亡年齢順にまとめられている。儚い夭折の場面もあれば、天寿を全うし幸福感が漂う死もある。多くの死があり、それは本当にさまざまであるとしかいいようがない、個別のものである。孤独な状況に置き去りにされる個別的な死という意味では、本書の序論で引用された、ハイデガーによる、非本来的な日常のなかで異物として排除される死のあり方を、逆の側から照射する言葉といえるかもしれない。

　多様な死の場面の記述とともに、いくつか印象的なエピグラフが添えられている。そのうちのひとつが冒頭の言葉だ。「人はただひとりで死んでゆく」という孤独な死のリアリティを端的に突きつけてくる。これまでのすべての死において、それがどのようなかたちで見送られようとも、死に際して「ひとりで死んでゆく」という徹底して孤独であることの重みに圧倒されるはずだ。

　この点とともにもうひとつ、死の場面をまなざす視線の存在にも気づかさ

れるのではないだろうか。死に向き合い、死をまなざす人びとの姿であり、社会の側が死をどのようにとらえるかという論点につながるものである。死の社会学が対象としてきたのは、こうした死を見る「こちら側」、社会の側のまなざしといってもいい。家族や友人、地域の人びとが死にゆく人を看取る視線、そして当事者の死の間際に、死に至る生前のあり方をとらえるまなざしの問題である。

　このような視点から、あらためて冒頭の言葉がもつ社会学的含意について考えてみたい。死をめぐる社会学の古典的研究では、死にゆく個人がどのように死に向き合うかという点を超えて、人びとの死に対して社会がどのような影響を与えるか、その関係性に焦点が当てられた。社会規範と自殺の関係を「アノミー的自殺」という概念からとらえたエミール・デュルケームの『自殺論』は、現在も参照される最も重要な成果のひとつである。また、優生思想、優生政策をめぐる社会学的研究は、社会的に死をもたらすという、社会の根本的な暴力性にメスを入れてきた。近年の生命倫理上の問題と密接に関連する、脳死や尊厳死などのテーマに対して、死を社会的にどのように位置づけるか、そして、どのように介入すべきであるかという点から議論が積み重ねられている。

　このような生命倫理の問題に共振する最先端のテクノロジーと死のかかわりだけでなく、社会が私たちの日常的な死のあり方に与える影響についても、多くの関心が向けられるようになっている。親密な関係であれ第三者的な関係であれ、他者がその死をどのように位置づけるか、社会の側における死のとらえ方の問題である。ここで重要なのは、かつてフィリップ・アリエスやノルベルト・エリアスが明らかにしたように、近代化が進むなかで、人びとの死の場面において「孤独」が強まる傾向が見いだされてきたことである[11]（161頁）。こうした死の孤独化をより強化する、死の隠蔽・抑圧・隔離化が進み、可能な限りその存在を否定しようとする「死のタブー化」が指摘されてきたのである[15]。

　死の場面の孤独化、タブー化とともに進行するのが、「生物学的な死」に先行する「社会的な死」の付与である。具体的には、死の場面からさかのぼ

って、生前の社会的な関係性のなかに「死」が刻印されていくプロセスである。ここからは、どのような死が承認される／否認されるのか、ひとりで死にゆくことを社会がどのように扱ってきたのか、それをどのように扱うべきかという規範的な課題が問われることになる。

　本章では、孤独死をめぐる問題からこの課題にアプローチしてみたい。生前の孤独・孤立を原因としてひとりで亡くなり、死後もしばらく発見されることがない孤独死。「ただひとりで死んでゆく」という孤独な死の極限状況と、それに対する社会の側のまなざし、介入のあり方から何が見えてくるか、どのような実践的方法が導かれるのか。社会学的な方法論に引きつけつつ検討していこう。

2．ある孤独死のケースから

　近年、「社会的な死」にかかわる問題として特に関心を集めているのが、孤独・孤立がもたらす孤独死である。孤独死には公式の定義が存在しているわけではないものの、呉は、(a) 一人暮らしで、(b) 孤独に生き、(c) 死んだ後、(d) 誰にも知られずに、(e) 相当期間放置された後に発見されるという、5つの要素を最大公約数的な定義としている。ここでの呉の意図は、孤独死を定義することそのものにあるわけではない。むしろ、どのようなかたちで孤独死が社会的に扱われているのか、孤独死として認定される生前の状態の社会問題としての構築、特に孤独・孤立という状態を介入すべき問題として位置づける社会のまなざしのあり方に注意を向けるのだ。孤独死が単に死の一類型ではなく、社会的関係から孤立した末に、社会的に承認されず、介入すべき問題としてとらえるようになった、「生物学的死」に先行する「社会的な死」の問題としての構築プロセスである（62頁）。

　この孤独死の問題が社会的に広く関心を集めるきっかけとなったのは、阪神・淡路大震災後の仮設住宅での孤独死の多発だった。震災を生き延びたにもかかわらず、仮設住宅で暮らす被災者の間で孤独死が広がっていることが大きな衝撃を与えたのである。ここで注意したいのは、「"孤独死"という死

にざまにいたる人たちの生命の脆さ、その背景にある彼らの生活基盤の危うさ」が「大震災によって仮設住宅地にあぶりだされた特殊な現実ではない」[12]とする認識である。つまり、震災後という特殊な状況に限らず、広く社会全般に孤独死が生じる可能性が示唆されたのである。実際、その後2005年から2007年にかけて立て続けに発生した北九州市での孤独死問題や、2005年9月に放映されたドキュメンタリー・NHKスペシャル『ひとり 団地の一室で』により千葉県松戸市常盤平団地の孤独死問題が紹介されて以降、社会問題として大きく位置づけられることとなっていく。それはまた、国や地方自治体の孤独死対策が進められるきっかけにもなったのである。

筆者はちょうどこうした動きのなかで、孤独死対策の2つの地域的取り組みに、社会学的な観点からの調査担当者としてかかわることとなった。[6]そのうちのひとつが2020年2月に放映された、外国籍住民の孤独死をめぐるドキュメンタリー・クローズアップ現代『60代の孤独死 団地の片隅で～外国人労働者の末路～』（NHK名古屋放送局制作）である［注1］。

この番組は、名古屋市港区にある九番団地において、64歳で孤独死したタナカ・アルベルト氏を詳細に描き出している。アルベルト氏は30代で来日し、自動車やパチンコなどの工場での仕事に従事し、毎日、朝6時に団地を出て、夜8時に帰る生活を続けていた。団地での生活は、友人とのつながりはあったものの、妻とは離婚し、家族はブラジルに帰国したことで、一人暮らしの孤独・孤立した生活となっていた。63歳のとき、体調が悪化し、仕事を続けられなくなる。工場の仕事を辞め職場とのつながりを失い、孤立を深めることとなった。そして、64歳のときに自宅で倒れ、3週間後に亡くなった姿を発見されたのである。

番組では、この孤独死を防ぐことはできたのか、どのような取り組みが必要であったのかという点について検討された。日本で働くことを選択し、家

［注1］NHK「60代の孤独死 団地の片隅で ～外国人労働者の末路～」クローズアップ現代、2020年（https://www.nhk.or.jp/gendai/articles/4391/index.html）［2024年6月30日確認］

族と来日したものの、家族、労働市場とのつながりを失うと一気にサポート資源を失う。公的な社会保障制度のセーフティネットはまったく届いていない。多くの場合、このような問題に対しては、つながりを強く求めること、「絆」の重要性が持ち出されることになるだろう。しかし、こうした視点からは、孤独・孤立状態の責任を孤独死した個人に負わせてしまいがちになる。

つながりを持たないことは自己責任なのか。団地に暮らす外国籍住民からの聞き取りでは、医療に関する情報などが不足し、サービスにつながっていないことが確認された。医療などを含めてさまざまな情報を周知できるのが、地域コミュニティの役割の1つであるが、九番団地ではすでに自治会は解散していて、いわゆる地縁組織にあたるものはなかったのである。

この課題に対して、九番団地を拠点とする外国籍住民支援の団体である、NPO法人まなびや@KYUBAN［注2］が、2020年度のコロナ禍のなかで、新たなコミュニティ実践を展開することとなった。医療関係を中心にさまざまな情報が届いていないこと、そして何よりも住民が孤独・孤立の状況に追いやられてしまうことへの対策として、日曜日に健康相談会を実施したのである。住民の健康を無料でチェックするという、孤独死の事例からも浮かび上がってきた切実なニーズにこたえつつ、それを解決するコミュニティ実践として、定期的なつながりを築くことを目指したのだ。

このケースとその対応は、孤独死の問題とその解決策の可能性を示すものである。と同時に、孤独死をめぐる問題の複雑な構造と、解決の困難性を示唆するものとなっている。ひとつは、孤独・孤立が関係性の問題だけでなく、公的な社会保障制度や労働市場からの排除と密接に関連している点。もうひとつは、にもかかわらず、地域コミュニティレベルでの解決に責任を負わされてしまっている点だ。孤独死をめぐる死の社会学を考えるうえでは、この2つの点をとらえ返していくことが不可欠となる。次にその問題の構図と対応策をめぐる問題を見ていこう。

［注2］「NPOまなびや@KYUBAN」ホームページ（https://manabiyakyuban.wixsite.com/manabiya）［2024年6月30日確認］

3．孤独死という問題

　孤独死についてはその定義が明確でないこともあり、統一的な基準のもとでの統計データは存在していなかった。しかし、2024年に政府による公的な統計データが初めて示されることになった。2024年1〜3月に自宅で亡くなった一人暮らしの人が、全国で計2万1716人確認され、そのうち65歳以上の高齢者が8割近くを占めていたという実態が明らかにされた。そして、年間の孤独死に相当する死者数は約6万8000人と推計されたのである［注3］。

　この数をどのようにとらえるべきだろうか。現在のところ孤独死の趨勢が明確になっていない以上、増減に関する評価はできない。そもそも1950年代に8割を超えていた在宅死亡率は1割台となっている[4]。このことからは、一人暮らしでの孤独死は増えないようにも見える。しかし、国立社会保障・人口問題研究所のデータでは、65歳以上の一人暮らしの高齢者は、2020年の738万人（20.5％）から、2040年に1,041万人（26.5％）に達すると推計されている[3]。つまり、家族関係から孤立する層が今後も増えることが予想されており、孤独死が一定数、人口比に応じたかたちで起こる確率が高まると考えられるのだ。

　もっとも、ここで注意しないといけないのは、日本と北欧諸国の比較によると、必ずしも高齢者の一人暮らしと孤独死の増加の相関関係が成り立つわけではなく、日本における孤独・孤立の状況が孤独死につながってしまうという、特殊日本的ともいえる特徴が示唆される点だ[13]（37頁）。こうした日本における孤独死問題の状況において、どのような点が問題とされ、社会的解決が目指されているのだろうか。

　孤独死をめぐって出版される書籍、雑誌記事、オンライン上の情報の大半は、死後の住宅が事故物件化することや、遺品整理のグロテスクな現象面を

［注3］「65歳以上『孤独死』年6.8万人」2024年5月14日、朝日新聞朝刊

描き出すものとなっている。これらは財産の評価という点で社会的な課題ともいえるが、人の死にかかわる孤独死の本質的問題ではない。孤独死への対策が必要となる根拠は以下の点にある。

第一に、孤独と孤立の問題である。孤立とは、家族やコミュニティとほとんど接触がないという客観的な状況を示すものであり、孤独は、仲間づきあいの欠如、喪失による好ましくない感じという主観的な概念である（227頁）[16]。これまで、交流頻度が及ぼす健康への効果のように、孤独・孤立状況ではないほど、つまり高齢者の社会関係や社会参加が豊富であるほど「サクセスフル・エイジング」につながることが明らかにされてきた[7]。その逆に、孤独・孤立という状況が、人の健康や余命に負の影響を与えることも実証されている[14]。

2021年に国として最初の孤独に関する全国規模の調査が実施され、約3分の1が孤独感をもつことが明らかとなった[10]。2020年に内閣府が実施した「高齢者の生活と意識に関する国際比較調査」では、60歳以上で、家族以外の人で相談し合ったり、世話をし合ったりする親しい友人が「いずれもいない」と回答した割合が日本で最も多く、31.3％となっている[8]。こうした孤独・孤立が生に対してネガティブな影響を与えることが明らかにされ、その極限状態としての孤独死を象徴として、対策が迫られるようになってきたのである。孤独・孤立が社会的「問題」とされ、それを解消することが、孤独死防止の根拠とされているのだ。

第二に、孤独死につながるセルフ・ネグレクト予防の可能性だ。自宅でひとり亡くなることは「在宅ひとり死」[17]であり、それ自体に問題があるわけではない。問題となるのは、孤独・孤立という状況が、生前に自己の生死の安全にかかわる生活上の行為を行わないセルフ・ネグレクトにつながる場合である。この問題は先の額田[12]が、阪神・淡路大震災後の孤独死をめぐって指摘していた課題でもある。全国の地域包括支援センター、生活保護担当課における孤独死の実態調査からは、それらの約8割がセルフ・ネグレクト状態にあったことが明らかにされている[2]（25頁）。「セルフ・ネグレクト→孤独死予防」という点から、孤独・孤立状態の解消を目的として、生前の社会関係

に介入することが求められることになる。

　では、こうした孤独・孤立に対してどのように取り組むべきなのだろうか。石田光規は、孤独・孤立が生じる要因を、人間関係の維持・構築において、血縁、地縁などの関係に埋め込まれる「共同体的関係」から、個人の自由な選択に委ねられる「選択的関係」が支配的になったプロセスに求める。この点から、血縁、地縁からはなれて「ひとり」で生きることを選択する、いわゆる「おひとりさま」のように、孤立を積極的に評価する動きに疑問を投げかける。そして、個人の自由な選択、自己責任という個人レベルの問題としてではなく、社会関係を規定する構造変動からとらえる社会レベルの視点を強調する。孤独・孤立を自己責任として片づけてしまうのではなく、社会的課題として取り組むことの根拠を、社会学的な観点から提示したものと見ることができるだろう。死をめぐる社会学は、こうした課題にどのような貢献が可能かについて問われることとなったのだ。

4．孤独死対策とその問題

　孤独死は、死に至る場面や死後の問題としてではなく、孤独・孤立をいかに防ぐかというかたちで、生前の社会関係のあり方への対策としてとらえられることとなった。日本では2021年２月に孤独・孤立対策担当大臣を新設し、2024年には孤独・孤立対策推進法が施行された。基本理念として、孤独・孤立の状態となることの予防、孤独・孤立の状態にある者への迅速かつ適切な支援が謳われている。ここで注目されるのは、孤立の状態は人生のあらゆる段階において何人にも生じうるものであるという認識である。ここから、当事者の状況に応じた支援が継続的に行われること、当事者の意向に沿って社会及び他者とのかかわりを持つことにより、孤独・孤立の状態から脱却して、日常生活、社会生活を円滑に営むための支援が目指されることになる。この法制度制定の背景に、孤独死の増加があるのは間違いない。孤独死に至る死の場面だけでなく、生前の社会関係における孤独・孤立状況の問題解決に対応したものと見ることができる。

では、この取り組みを、誰がどのように担うのか。こうした課題への対応は、これまでも社会学が特に関心を払い、その理解と実践的方法の提示に結びつけてきた領域である。町村敬志は、生活者の財・サービスの分配システムを次のように分類する。個人、家族が自立的・自足的に財・サービスを生産する「自助」、地域の住民同士が支えあう「相互扶助」、市場でサービスや商品を購入する「市場交換」、政府・自治体の財・サービス供給を利用する「再分配」の4つである。孤独死に対する取り組みを、この4つの分類にしたがって整理してみよう。「自助」としては個人、家族の日ごろの意識的取り組みとともに、個人が契約する緊急通報システムの利用がある。「相互扶助」は、近隣住民、町内会・自治会の見守り活動、介護保険サービスを用いた訪問事業が挙げられる。喫茶店や食品配送、新聞配達など「市場交換」としての見守り事業がある。こうした活動をまとめ、それぞれの事業に対して公的な資金の分配を行うものが「再分配」である。国としては、2007年度に「孤立死防止推進事業」を予算化し、地域支援ネットワークの整備など積極的な取り組みを進めてきた。

　ここで注意したいのは、上述の4つの財・サービスの分配システムを総合するかたちで事業展開が進められるように見えるものの、実際には、主として地域コミュニティの「回復」によって、孤独死防止が目指されている点だ。孤独死防止対策としての孤独・孤立解消の中心におかれているのがサロン等集いの場、ネットワーク構築などであり、地域コミュニティの強化にウェイトがおかれた施策が中心となっていることがわかる。公的サービスの縮小にともない、地域コミュニティ強化へと対策の中心が移行しているのだ。財政難のなかで公的な援助に期待できず、地域に期待される点に、日本の高齢者福祉政策をめぐる特徴があるわけだが、景気悪化や雇用の流動化に伴う経済的な貧困状況などさまざまな原因があるなかで、主要な社会問題の原因と解決策として、高齢者のネットワークや、地域コミュニティの力に期待が向けられてきたのである。

　こうして、孤独死対策という死の場面の問題への介入が、本来の範囲を大幅に超えるかたちで、地域での共同、コミュニティ創出を促す言説に変換さ

れて政策に結びつけられていく。そして、孤独死を防ぐという目的から、地域コミュニティレベルの関係を作るというかたちでひとつの規範を形成することになる。これは、孤独死の予防をシンボリックに活用し、孤独・孤立の状況を「社会的な死」の枠組みに位置づけるという死の手段化と見ることができるだろう。孤独死を防ぐという目的を超えて、あるべき個人の生のあり方に対する社会的介入につながるわけだが、この方向性が果たして有効なものなのか。この点についても、取り組みの事例から再検証し、オルタナティブを提示したい。

5．孤独死に対するもうひとつの「社会モデル」

　先に見たように、石田[(1)]は、孤独・孤立を自己決定による援助拒否であるとみなす認識が、特定の属性を持つ人びとの社会的排除につながる危険があることを示し、孤独・孤立を自己の選択とする見方に警鐘をならしている。孤独・孤立を個人の自由な選択の帰結であるという、個人レベルの問題としてではなく、社会関係を規定する社会レベルの問題としてとらえることにより、孤独・孤立に対する社会的な働きかけが必要であるとする。もっとも、これは簡単なことではない。

　そもそも地域社会への参加、孤独・孤立を防ぐコミュニティ形成の見通しは明るいものではない。「令和3年度　高齢者の日常生活・地域社会への参加に関する調査」では、「過去1年間に参加した社会活動」について、「活動または参加したものはない」と回答した人の割合が、男性40.8％、女性42.5％となっている。「今後、行いたい活動」についても「活動・参加したいとは思わない」と回答した人の割合が、男性26.9％、女性27.7％となっているように、社会活動参加促進も厳しい状況にあるのだ[(9)]。

　では、どのような方法が可能なのか。筆者は、先に挙げた名古屋市の取り組みとともに、愛知県愛西市の孤独死防止対策の基礎データ収集・分析、事業計画の策定にかかわってきた[(6)]。この事業における調査データの分析から浮かび上がってきたのは、さまざまなつながりや公的サービスを自ら拒否する

いわゆる「援助拒否」や、孤立を選択する層の存在だった。「人との交流を持ちたがらない」というケースが一定数存在し、自治会、老人クラブなどには加入せず、地域コミュニティの関係を求めないという実態を前提に考えることが要請されたのである。近隣の人びととの交流を求めたところで効果を持たないというジレンマがあるなかで、はたして地縁関係を強化することで孤独死を予防することができるのか、地域コミュニティの強化によって孤独死を防ぐことができるのかという点についての検討が必要となった。

　愛西市では、もともと「高齢者の孤立の防止」「孤立死の予防・早期発見」を目的として、緊急通報システム、乳酸菌飲料給付、配食サービスなどを実施してきた。こうした制度を引き続き活用しながらも、調査から明らかになった、近隣関係が果たす効果の限界といった課題にこたえるために、新たな取り組みをスタートさせることとなった。具体的には、地縁関係に限定されないネットワークの構築を進めたのである。自治会役員、市役所、社会福祉協議会、在宅介護支援センター、介護サービス事業者、郵便局、新聞販売店、牛乳販売店、乳酸菌飲料販売店など関連する機関を網羅的につなげる見守りネットワークを構築し、何らかの見守りのアクターを、孤独・孤立の状態に対して不安を持つ当事者に選択してもらうしくみである。この事業の最大の目的は、高齢者にとってつながれるところを選んでほしい、そして望まない関係は無理してつなげなくてもいいという点にある。これは、自治会や老人クラブなどと関係が薄く、また、そのような近隣関係とのつながりを望まない高齢者に対しても見守りを可能とするための取り組みである。近隣関係に限定されない、選択可能な、そして無償の見守りネットワークとすることで、実態調査から得られた課題にこたえることを意図したものである。

　こうした取り組みを進める源泉になったのが、社会学、特にコミュニティ論の知見の援用である。(7)「孤独死を予防することにつながりをつけるべきだ」という脅しのような強制をもとに、個人の自助努力を促し地域の共同性を作り出すのではなく、選択可能な資源のオプションを増やすという、「社会モデル」の発想をもとにしたものである。ここでは、「自助」と、「相互扶助」「市場交換」「再分配」に対応する取り組みを総合的に、個人の意思で選

択可能なものとして取り戻すことが重要なポイントとなる。特に重視したの
は、政策的にも推進されている近隣関係の強化、地域コミュニティの強化で
はなく、地縁関係に限定されない、選択可能な資源を結びつけるネットワー
ク形成である。これは、孤独死という死の手段化、そして孤独・孤立の状況
におかれた人びとに「社会的な死」のレッテルを押しつけてしまうことを回
避することを志向している。そのオルタナティブとして、個人にとって選択
可能な社会的条件整備を目指すという点で、社会的拘束を超えたあり方を展
望する方法といえるだろう。

6．死の社会学から生の社会学へ

　以上、孤独死問題の社会的な認識とその解決への取り組みを分析すること
から、孤独・孤立に対する不安を煽る形でコミュニティの共同性を強いる動
きが私たちの目前に現れてきた過程を見てきた。これは、地域の共同性創出
を目的として、死を手段化する動きといえる。死の隠蔽の動きとは対照的に、
死を手段として社会的機能に結びつける原動力にするものであり、死を個人
にとっての実存から切り離すという点で、一人ひとりの死をさらに「孤独
化」するものとも考えられるだろう。
　こうした動きに対して本章では、死を迎える前の孤独・孤立を回避し、生
のよりよいあり方を支える社会的条件整備の方法から考えてきた。孤独・孤
立と結びつけられる「社会的な死」への忌避から死への不安を煽るのではな
く、よりよい生のあり方につながる「社会モデル」に依拠した実践的方法を
考えていくことである。孤独死のような社会問題に対して死の社会学ができ
ることは、こうした問題のとらえ直しと、社会学的コミュニティ論の成果を
援用しつつ、現実的に実践可能な方法を提供することだろう。
　したがって、こうした課題に対峙していく死の社会学が目指すものは、
「ただひとりで死んでゆく」という悲壮感を超えて、死を隠蔽することなく、
非本来的な日常のなかで異物として排除することのないかたちで、死に向き
合う共同性を構想するものだ。一人ひとりの自由と社会的な介入をめぐるジ

第13章 孤独死と死の社会学　199

レンマを丁寧に、実践的な方向から検討し、そこから共同性のあり方を検討していくものである。この点において、孤独死をめぐる死の社会学は、生きるうえでの課題をよい方向に転換するための社会的基盤づくりを構想していく、生の社会学につながるはずだ。

参考文献

（1）石田光規『孤立不安社会—つながりの格差、承認の追求、ぼっちの恐怖』勁草書房、2018年

（2）岸恵美子編集代表、小宮山恵美、滝沢香、吉岡幸子編集『セルフ・ネグレクトの人への支援—ゴミ屋敷・サービス拒否・孤立事例への対応と予防』中央法規出版、2015年

（3）国立社会保障・人口問題研究所「日本の世帯数の将来推計（全国推計）（2024年推計）」2024年（https://www.ipss.go.jp/pp-ajsetai/j/HPRJ2024/t-page.asp）

（4）厚生労働省『人口動態調査』（https://www.e-stat.go.jp/dbview?sid=0003411665）［2024年6月30日確認］

（5）町村敬志「都市生活の基盤—生き抜く」町村敬志、西澤晃彦『都市の社会学—社会がかたちをあらわすとき』有斐閣、2000年

（6）松宮朝『かかわりの循環—コミュニティ実践の社会学』晃洋書房、2022年

（7）松宮朝「エイジングとコミュニティ社会学—実践的理論の継承と展開」金子勇編著『世代と人口（シリーズ・現代社会学の継承と発展2）』ミネルヴァ書房、2024年

（8）内閣府「令和3年度高齢社会白書（全体版）」2021年（https://www8.cao.go.jp/kourei/whitepaper/w-2021/html/zenbun/index.html）

（9）内閣府「令和3年度 高齢者の日常生活・地域社会への参加に関する調査結果（全体版）」2022年（https://www8.cao.go.jp/kourei/ishiki/r03/zentai/pdf_index.html）［2024年6月30日確認］

（10）内閣官房孤独・孤立対策担当室「人々のつながりに関する基礎調査（令和3年）調査結果の概要」2022年（https://warp.da.ndl.go.jp/info:ndljp/pid/13343434/www.cas.go.jp/jp/seisaku/kodoku_koritsu_taisaku/zittai_tyosa/r3_zenkoku_tyosa/tyosakekka_gaiyo.pdf）

（11）中森弘樹「『無縁死』概念の社会学的意義—死の社会学におけるその位置づけをめぐって」『社会システム研究』14号、157–168頁、2011年

（12）額田勲『孤独死—被災地で考える人間の復興』岩波現代文庫、2013年

（13）呉獨立『「孤独死現象」の社会学—実在、言説、そしてコミュニティ』成文堂、

2021年

（14）斉藤雅茂『高齢者の社会的孤立と地域福祉―計量的アプローチによる測定・評価・予防策』明石書店、2018年

（15）澤井敦『死と死別の社会学―社会理論からの接近』青弓社、2005年

（16）Townsend, P.: *The family life of old people: an inquiry in East London.* Routledge, 1957.（山室周平監訳『居宅老人の生活と親族網―戦後東ロンドンにおける実証的研究』垣内出版、1974年）

（17）上野千鶴子『在宅ひとり死のススメ』文春新書、2021年

（18）山田風太郎『人間臨終図鑑　上巻』徳間書店、1986年

第 14 章

死をおくる
──人類学的な、あるいは人間学的なもの想い

筒井亮太

死は生の対極としてではなく、その一部として存在している。
　　　　　　　　　　──村上春樹『ノルウェイの森』
死と病気とへの興味は、生への興味の一形態にほかならない。
　　　　　　　　　　──トーマス・マン『魔の山』

「マジかよ、また人身」──

　つつがなく営まれる日常生活であっても、突然それはやってくる。朝夕の時間帯が顕著だ。交通網は乱れ、多くの人たちに及ぶ影響は甚大である。しかし、その影響を受ける人びとは一様にして落ち着いて見える。いや、あるいは、それがあまりにも日常に溶け込んでおり、現場に居合わせなかった人からすれば取り立てて騒ぐほどのものではないのだろうか？

　SNSは意外とひとつのフィールドワークの場なのかもしれない。実際、人身事故直後のSNSを覗いてみると、つとめて平静な面持ちを浮かべていた人たちが多様な感慨に襲われていることが見て取れる。そこには「また人身……最近、多くない？」「今日テストなのに遅刻じゃん」「ご冥福をお祈りします」などと投稿されている。

1．記号化された「死」

　先の列車や電車の人身事故にあって、その死はさまざまに意味づけられて

いる。それは、自身のルーティンを乱す妨害であったり、亡くなった当人の生活や死の間際の気持ちに寄せられた物語であったりする。死んだ人はなにひとつ語ることができない。迫る列車に身を投げ出したとき（あるいは誤って足を滑らせたのかもしれない）、そこに妨害の意図があったのか、死ぬしかないほど追い詰められる事情があったのかなど、確認のしようがない。死者はある意味で言葉を奪われた「サバルタン」[23]である。

図14.1　人身事故の啓発ポスターの例
列車が人をはねる事態の半数を「事故」として図示し、その予防を促す意図をもたせている。人身事故は断固として回避されなければならない「偶発事」なのである。

考えてみると不思議なことだが、人身事故は果たして「事故」なのだろうか。当人は「自殺」を試みたのかもしれないのに、世間一般には「偶発事incident」[2]として周知される。ロラン・バルトは偶発事を「偶発的な小さな出来事、日常の些事、事故よりもはるかに重大ではないが、しかしおそらく事故よりももっと不安な出来事」と述べたが、その彼の最期とて、自殺とも事故ともとれるものだった。どうも統計的にはその半数以上が実際的に「事故accident」であるという（図14.1）。

このように、生者である私たちは、まるで自分がまだ死んでいないことを確認するかのように、その思いがけない偶発事を異化するかのように、死者の声を奪って勝手なストーリーをそこに見る。つまり、その名状しがたい不気味な事態を「死」として記号化する。記号化された「死」は、流通販路に乗せられて消費社会に送られる。「タブーとされた行動を描写することで、幻覚・妄想を生み出そうとする」[3]ポルノグラフィが死もその対象とするのである[9]（170頁）。メディアを通して「死」は窃視症的欲望の消費対象となっ

第14章　死をおくる　203

ている。

　私たちはこのように想念となった記号的「死」しか触れることができない。かろうじて私たちにできるのは、とりもなおさず、自分が「死ぬこと」を自分以外の他者が「死ぬこと」でもって代理的に想像することだけである。しかし、超産業社会となった昨今では、他者が「死ぬこと」はますます希薄化し、日々を生きる私たちから疎遠のものとなっている。SNSなどのメディアを通じて「死」が流通している実情は、そのことに拍車をかけているのかもしれない。

　本書は、対人援助職者（特に心理臨床家）が死と向き合う様相を描き出すことを目的に編まれている。本章では、人類学的な思索を用いて、観念的に取り扱われてしまい、リアリティを欠いてしまっている「死」を解きほぐし、私たちがあるべき姿として感じることのできる「死ぬこと」の一端を指し示すことを目指している。まず、この分野でトピックとして挙げられることの多い「儀礼」と「病気」について見てみよう。

2．儀礼と死

　アフリカの宗教儀礼や通過儀礼を調査したターナー[26]によると、儀礼を受ける途上にある人びとはある種の境界線上を生きている。ここに位置する人たちは「リミナリティ」という曖昧な性状を帯び、「馴染みの要素と『遊んで』、それらの要素を馴染みのないものにする」[27]（27頁）。ここに付言するならば、儀礼はある事態と別の事態を架橋する文化的営為なのである。ターナーが儀礼を「移行」や「通過」という広い射程で捉えているという意味で、病気もまたひとつの通過儀礼とみなすこともできよう[32]。わけても、葬送儀礼は注目に値する。

　　死の儀礼研究がひとつの積極的な試みとなるのは、慣習の要求するものが祝祭的行動であれ抑制的行動であれ、死の問題が、人びとが人生を送り、自らの経験を評価する際の最も重要な文化的価値を浮き彫りにするからだ。

死を背景として生は透視され、社会や文化の根源的問題が浮かび上がってくる。[17]（原書25頁、訳書42頁［注1］）

　さて、ゴーラー[10]は「服喪儀礼」を例にとり、社会と一定期間距離をとる喪中の人たちが服装や身なりによってそのプロセスを提示していると指摘する。また、各種の文化や社会と結びつくかたちで、特定の色彩やリズミカルな音楽が葬儀に供され、その亡骸は二次処理（例：ミイラ）される場合もある。[17]日本の葬儀では逆さまの強調という作法が広く観察されているが、これは徹底した、死の非日常化であり、「黒ケガレ」を避けるための機能がある。[20]

　このように、洋の東西を問わず、近代以降の葬儀には死を異化して、日常との断絶をもたらそうとする効用が期待されている節がある。それをしてベッカー[5]は文化そのものが「死の否認」装置であるといって憚らない。人間が避けがたい運命として自身の死を予期し、その歴然たる事実を打ち消さんとする努力が文化をもたらすという。内堀・山下[28]は、東南アジアのイバン族とトラジャ族それぞれの社会において死がどのように取り扱われているのかを調査している。彼らによると、各社会で耕作様式や階級構造などの違いに由来するのか、前者は観念主義的であり、後者は儀礼主義的であるという。つまり、前者では死後の魂の行方や神話などの不可視の世界が重視され、後者では独自のイデオロギーと結びつきながらも、可視的な現世における儀礼による死の決着を見せる。

　ウォルター[29]は、たとえばキューブラー＝ロス[16]の著述にあるような「死の段階的受容」という言説がポストモダン化する社会でどこまで通用するのかという疑問を呈している。「西洋社会の葬儀は、かつては故人の魂が正しい場所にゆくのを前向きに助けていたが、次第に後ろ向きになり、現世の生き様を祝福するようになった」[30]（59頁、86頁）。宗教観の変動や経済構造の不安定化により、葬儀を取り仕切る業者の権限は強いものの、死に至る葬儀のかたち自体はそれなりの変貌を示している（例：「終活」や家族葬）。ウォルタ

［注1］訳書があるのものは、原書と訳書の頁数をそれぞれ併記する。

ーの言を借りれば、死にゆく人たちは「人生中心の葬儀」というフィナーレに向けて自身の死の道程をプランニングするのである。

　いずれにせよ、儀礼というかたちで喪の作業が営まれることで、死は緩やかに認められてゆくだろう。死の儀礼にあって、死の否定と肯定の両面が移行的に包含されているのである。ただし、おそらく、死をタブー化しがちな西洋化が進んでいる文化圏では死の否定の比重が高いだろう。人間が「死ぬこと」が「死」として記号化されていない文化圏では、「自然死」とか「病死」とか「事故死」とかのようなかたちで死は分類されていない。生と死は「象徴交換」の関係にあるのだ。

　　「自然」死は、集団がそれに何の役割も演じていないのだから、意味のないものである。それは、陳腐になった個人的主体、陳腐になった家族的細胞に結びついていて、もはや集団的な追悼と喜びではないのだから、陳腐である。それぞれがそれぞれの死者を埋葬する。未開人のところでは「自然」死は存在しない。死はすべて社会的、公的、集団的である。そしてつねに、敵意のある意志の結果は集団によって吸収されねばならない（生物学的なものは何もない）。この吸収をおこなうのが祝祭や儀礼である。[4]（251頁、386-387頁）

　ボードリヤールの指摘は重要であるが、少し噛み砕く必要があるだろう。彼のいう「未開人」は死を「社会関係」の一種として想定している一方で、西欧社会を生きる人たちは死を生物学的事実として受け止めている。特にヨーロッパにあっては、死はタブー視され、周辺に追いやられる。「人びとは死をどう扱っていいのかわからなくなっているのだ。なぜなら今日では死者であることは正常ではないからである」[4]（196頁、305頁）。

　とはいえ、私たちの暮らしのなかでも、死者との結びつきを感じさせる儀礼的営みが継続している。「弔辞」である。副田[7]によると、「弔辞はまさに生者が死者に語る言葉である。生者はまず弔辞の読み手であり、かれは、死者が弔辞を聞き、理解し、それに反応するものと考えている。このかぎりで、

弔辞は生者と死者とのコミュニケーションの機会であるといえる」（220頁）。
これまで、死者と生者の隔たりを強調しすぎたきらいもある。金菱がゼミ生[12]
とともに東日本大震災で身近な存在を亡くした人たちの夢を記録した『私の
夢まで、会いに来てくれた』などに目を通すと、死者と交流したいという生
者の想いが伝わってくる。

　儀礼は死者と交流する手段であり、その記憶を結晶化する方途であるとも
いえるだろう。

3．病気と死

　「病気というのは、私ひとりの身体にふりかかるものでありながら、私一
人にとどまってくれません」[18]（66頁）。がんの転移により余命いくばくもな
い哲学者である宮野の言である。病気は理不尽なかたちで個人を訪れ、その
個人のみならず家族や周囲に影響を与える。クラインマン[14]によると、治療者
中心で、生物学的で、診断という記号論的行為の結果として構成される「疾
患disease」と異なり、「病気illness」は人間にとって欠かせない体験であ
る症状や苦悩sufferingを伴いながら、パーソナルな痛みという病者中心の
事態である。

　宮野は、哲学を専門としていたため、「死は不回避的で本来的なものであ
る」という認識を携えていた。ところが、病者となることで、知的に把握し
ていた「疾患」を自分事として、つまり「病気」の意味や意義を考えるよう
になった。「『病気に意味づけする』とは、病気を自分をめぐって起るさまざ
まな事柄の一部として、自分が納得するように、はまりのよいストーリーを
作り、そこへはめ込むような認識の方法である」[19]（237–238頁）。

　なんらかの症状や苦悩はそれだけではあまりに個人的であるために、周囲
と共有することが難しい。病める個人と周囲の溝に架橋する役目を果たすの
が文化なのである。ソンタグ[22]が文学作品を批評するなかで鮮やかに描き出し[32]
たように、古今、病気は未知で恐ろしいために特定の隠喩を生み出し、それ
らの表象が今度は病気の体験を規定する。いずれにせよ、人類学者の多くが

第14章 死をおくる　207

指摘するように、元来、「病気」は多様な意味づけの可能性を含意する個人の苦悩を指していた。そして、その「治療」にはシャーマンや呪術師、祈禱師など、医者以外の専門職が多く携わっていた。

　努力の甲斐もなく病者に死が訪れる。その絶対的瞬間、その病気の過程の終着点として「死」は収まっていた。しかし、西洋医学が進展するなかで、大きな転換点が生じた。

　　生、病、死。この３つは今や技術的にも概念的にも三位一体となる。何千年もの昔から、人間は生の中に病の脅威をおき、病の中に間近かな死の存在をおいて、つねにその思いにつきまとわれて来たのだが、その古くからの連続性は断ち切られた。その代りに、１つの三角形の形象があらわれ、その頂点は死によって規定されている。死の高みからこそ、ひとは生体内の依存関係や病理的な系列を見て分析することができるのだ。長い間、死は生命が消え行く闇であり、病そのものもそこで混乱してしまうところであったが、これからは、死は偉大な照明能力を賦与され、この力によって生体の空間と病の時間とが、同時に支配され、明るみに持ち来たらされるのである(6)（146-147頁、198-199頁）。

　フーコーによると、臨床医学の眼差しは、生ではなく死に向けられるようになった。屍体解剖により、死に至る過程は生体内に散りばめられていたことが発見され、死は外部から突如襲いかかってくるという認識が変化した。死は「医療化」されたのである(11)。かくして、産業社会にあって、種々の治療専門職のなかでも医療職者が抜きん出た地位を占めるようになった。医者は死神となったのである。病気や健康などをめぐる事柄（例：観念、制度、慣習、治療関係）の全体的連関を指す「ヘルスケア・システム」は、従来、「民衆セクター」「専門職セクター」「民俗セクター」に分けられ、これらが相互に関連し合っていたのに、医療の特権化により専門職セクターが増大してしまった(13)。

　昨今では、死にゆく人たちの多くが最期を自宅ではなくそれ以外の施設

208　第Ⅱ部 実践を支えるための専門知

（特に病院）で迎える。「死」の取り扱いが専門職セクターに限られることが増え、医療という現場では病気が、そして死が蔓延する。そこで支援者が頼みの綱としているのは、「生物学的視座」であり、そのオルタナティブとしての「人類学的（あるいは人間学的）視座」である。しかしながら、苦悩の最中にいる当人に対して供される解釈としては、そのどちらの視座も不十分である。

　　歴史的で異文化的記録から捉えると、苦悩とは、個人と集団問わず、ある種の重荷や悩みや身体・精神への深刻な傷を被らざるをえない、人間の体験の普遍的側面であると定義することができる。深刻な急性疾患のような思いがけない不幸がある。日常化された形の苦悩がある。これは、人間の条件──慢性的な病気や死──が共有する側面であったり、特定のカテゴリー（貧困層、社会的弱者、敗者）が特に晒されるのに、他の人たちは比較的守られているようなもの、つまり剥奪や搾取、没落や抑圧の経験であったりする。あるいは、ホロコーストや原子爆弾、カンボジアの大虐殺、中国の文化大革命など、極限状態から生じる苦悩もある。現代のスリランカ仏教徒や中世のキリスト教徒にとって、苦悩の文化的意味（例：罰や救い）は異なる方法で推敲されるかもしれないが、苦悩の間主観的体験そのものが、あらゆる社会における人間の条件を定義する特徴であると私たちは主張する。[15]（101頁、強調は原文）

クラインマンらは、苦悩する人たちの民族誌を綴る行為のなかに、人間の体験やそのローカルな文脈の剥奪と喪失を見ている。彼らは人類学が内包する侵略性に警鐘を鳴らしているのである。これはサイードが「オリエンタリズム」[21]という用語でもって端緒を開いたポストコロニアリズム批評と軌を一にしている。

　換言すれば、援助職者がいくら記号化された「死」を解きほぐそうとしても、その死にゆく人たちの苦悩を十全に言葉にすることができるわけではない。専門家として訓練されてゆくなかで、その人たちはある種の仮面を拵え

第14章　死をおくる　209

てしまい、病者と共有しうる人間的体験から自らを疎外してしまう恐れは十分にある。[14] それらの意識づけのなかで、支援者は、自らが記述しようとしてもしきれない事態に立ち向かっていることを引き受ける必要がある。

4．現代の「死」の観念

　新自由主義を迎えた現代社会は、ゴーラーやボードリヤールが描き出したような様相を遥かに超えている。現代を特徴づけるテクノロジーは、やはり「スマホ」とSNSであろう。たとえば、従来の音声言語中心のコミュニケーションは、デジタル・デバイスを介した文字情報中心へと移行している。タークル[25]が指摘しているように、文字のやり取りは、「リアルな」場面ではできないようなコミュニケーションを可能としている——発言の「取り消し」や発言内容の「編集」。現実の対面交流であれば、「えぇっと」という躊躇いの語句だったり、フロイディアン・スリップ（言い間違いなどの失錯行為）だったりが当人の意図とは無関係に露出する。

　常時接続可能なデジタル空間の創生により、健康で創造的な孤独体験が失われがちになり、個々人は絶え間ない他者比較の世界に放り込まれ、結果的にメンタルヘルスは不安定になりやすくなる。[24] 冒頭に示したように、人身事故に触れた個人が思いつきをそのままに垂れ流すSNSは、過剰な量の刺激やコミュニケーションに満ちている。端的にいえば、うるさいのである。私は一度も（存在するならば、だが）死後の世界に行ったことがないのでわからないが、おそらくあの世はデジタル空間とは異なりものすごく静かなのではないだろうか。

　この種の変化は、当然、死生観に影響する。ウォルター[31]（59頁）は、ソーシャル・ネットワークの影響を次のように示している。従来は長寿化により死が日常的に接する機会から離れていると論じられてきたが「現代のメディアは死と死者をより見えやすくしている」。これまで死が専門化・特権化されてきたと強調してきたが、「現代のソーシャル・メディアは、人が死に瀕していると、多くの友人や家族を巻き込むことができ、従来の医学知だけ

でなく、代替医学知へのアクセスも拡張する」。死が消費物として商品化されているとの言説があったが、「ソーシャル・メディアは、人びとが慢性疾患の経験や故人の想い出を無料で共有することを可能にしている」。宗教的価値観が希薄になっていたが、「新しいコミュニケーション技術は、死者が生者の内側に存在するための新しい方法を提供し、新しい形のスピリチュアリティを説得力のあるものにしている」。

　常時接続可能である先にいるのは、生者だけではない。デジタル空間においては、死者に向けたメッセージも目撃されている[30]。また、自動生成機能を駆使すれば、故人の言動のレパートリーから「当人が言いそうな発言」もSNS上で飛び交うことだろう。死後も運用が続けられるSNSアカウントも存在する。これらのテクノロジーの飛躍的発展は、旧態依然の死生観をほとんど置き去りにしている。この是非は目下、私には判断できない。

　触知不能で、肉体をもたず、発話もできない存在。私たちが古来より思い描いてきた死者と、ソーシャル・ネットワーク上にのみ存在しているアカウント（その操作主が生きている当人なのか、代理人なのか、あるいはAIなのかはもはやわからない）は違うものなのだろうか。ボードリヤール[4]は、生者と死者とを分かつ社会的分断線が「死」であると述べた。私たちと、手元にある四角い箱に表示されるアカウントとのあいだに分断線などあるのだろうか？

5．おわりに

　いささか断章のようになってしまったが、そろそろ筆を擱くときが近づいてきた。さしずめ、まさに本章は死につつある。人類学的視座から死を捉えるべく、これまで「儀礼」と「病気」を見てきた。私たちはなんらかの儀礼的手段によって「死ぬこと」を「死」に記号化しつつも、そうすることで逆説的に死をマネジメントしようとしてきたし、その端的な例が「病気」を「疾病」として医学化する動きに現れている。その死の想念の歴史はアリエスやウォルターに詳しいので参照されたい[1][31]。

第14章 死をおくる　211

ここ日本では、死者は「三途の川」を渡るという。これは仏教に由来する説話であり、いくつかのバリエーションが存在する。ともあれ、死者は此岸と彼岸を分かつ川を渡るのだが、この際、一説によると賃金がないと川を渡る舟に乗ることができないらしい。現世の価値観を象徴する貨幣を最後に使う場所として、あの世の手前が据えられているのは趣深い。

　死者を送るときに生者がさまざまな贈り物をその棺に入れる慣習は、古今東西、方々に見受けられる。それらは、その死者が生前に大事にしていたものだったり、その人に縁のあるものだったりする。生者はそれらの贈り物を供することで、死者を送る儀礼を演出する。それらの「モノ」は、生者と死者を結びつける象徴物である。そして、生者に死者をありありと想い出させる品である。

　すでに述べた「弔辞」もそうであるが、生者はさまざまなやり方で死者を呼び起こそうとする。死者を呼び起こしながらも、実際にはその人は蘇ったりはしないため、生者と死者の差異ははっきりとする。死者の名前を呼んでみても、その人はもういない。その死者を名指す言葉と、実在しない当人。このコントラストのなかを生者は生きてゆくことになる。

＊

　さて、本書はいったいどのような書物なのか。死者について書くとき、私たちはどうしようもなく「こちら側にいるbeing here」[8]。それでも生者はなにかを書く。本書は、遺された臨床家たちが死者を弔うために編み込んだ儀礼の書である。このように生者が死者について書くならば、書き連ねられるという瞬間のみ、きっと両者は再会していることだろう。本書に寄稿している臨床家は、各々が抱えている「死」を書き下すことで、部分的に「死ぬこと」に近接し、その切なさに、寂しさに、虚しさに触れたのではないだろうか。願わくは、読者もまた、本書の寄稿を読むことで「あちら側にいるbeing there」とはなにかを感じ取ってもらえると嬉しい。

参考文献

（1）Ariès, P.: *L'Homme devant la mort*. Le Seuil, 1977.（成瀬駒男訳『死を前にした人間』みすず書房、1990年）

（2）Barthes, R.: *Incidents*. Le Seuil, 1987.（沢崎浩平、萩原芳子訳『偶景 新装』みすず書房、2001年）

（3）Baudrillard, J.: *La société de consommation: ses mythes, ses structures*. Gallimard, 1970.（今村仁司、塚原史訳『消費社会の神話と構造』紀伊國屋書店、1979年）

（4）Baudrillard, J.: *L'échange symbolique et la mort*. Gallimard, 1976.（今村仁司、塚原史訳『象徴交換と死』ちくま学芸文庫、1992年）

（5）Becker, E.: *The Denial of Death*. Free Press, 1973.（今防人訳『死の拒絶』平凡社、1989年）

（6）Foucault, M.: *Naissance de la clinique*. Presses universitaires de France, 1963.（神谷美恵子訳『臨床医学の誕生』みすず書房、1969年）

（7）副田義也『死者に語る―弔辞の社会学』ちくま新書、2003年

（8）Geertz, C.: *Works and lives: the anthropologist as author*. Stanford University Press, 1988.（森泉弘次訳『文化の読み方／書き方』岩波書店、1996年）

（9）Gorer, G.: The pornography of death. In: *Death, grief, and mourning in contemporary Britain*. pp.169-175, The Cresset Press, 1965.（宇都宮輝夫訳「死のポルノグラフィー」『死と悲しみの社会学』ヨルダン社、1986年）

（10）Gorer, G.: *Death, grief, and mourning in contemporary Britain*. The Cresset Press, 1965.（宇都宮輝夫訳『死と悲しみの社会学』ヨルダン社、1986年）

（11）Illich, I.: *Medical nemesis: the expropriation of health*. Calder & Boyars, 1975.（金子嗣郎訳『脱病院化社会―医療の限界』晶文社、1979年）

（12）金菱清（ゼミナール）編『私の夢まで、会いに来てくれた―3・11亡き人とのそれから』朝日新聞出版、2018年

（13）Kleinman, A.: *Patients and healers in the context of culture: an exploration of the borderland between anthropology, medicine, and psychiatry*. University of California Press, 1980.（大橋英寿、遠山宜哉、作道信介他訳『臨床人類学―文化のなかの病者と治療者』弘文堂、1992年）

（14）Kleinman, A.: *The illness narratives: suffering, healing, and the human condition*. Basic Books, 1988.（江口重幸、五木田紳、上野豪志訳『病いの語り―慢性の病いをめぐる臨床人類学』誠信書房、1996年）

（15）Kleinman, A., Kleinman, J.: Suffering and its professional transformation:

toward an ethnography of interpersonal experience (1991). In A. Kleinman: *Writing at the margin: discourse between anthropology and medicine.* pp.95–119, University of California Press, 1995.

(16) Kübler-Ross, E.: *On death and dying: what the dying have to teach doctors, nurses, clergy and their own families.* Simon & Schuster, 1969.（鈴木晶訳『死ぬ瞬間—死とその過程について』中公文庫、2001年）

(17) Metcalf, P., Huntington, R.: *Celebrations of death: the anthropology of mortuary ritual, 2nd edition.* Cambridge University Press, 1991.（池上良正、池上冨美子訳『死の儀礼—葬送習俗の人類学的研究 第2版』未來社、1996年）

(18) 宮野真生子、磯野真穂『急に具合が悪くなる』晶文社、2019年

(19) 波平恵美子『病気と治療の文化人類学』ちくま学芸文庫、2022年

(20) 波平恵美子『ケガレ』講談社学術文庫、2009年

(21) Said, E.: *Orientalism.* Pantheon Books, 1978.（今沢紀子訳『オリエンタリズム』平凡社、1986年）

(22) Sontag, S.: *Illness as metaphor.* Farrar, Straus & Giroux, 1978.（富山太佳夫訳『隠喩としての病い』みすず書房、1982年）

(23) Spivak, G.C.: Can the subaltern speak? In C. Nelson, L. Grossberg (eds.): *Marxism and the interpretation of culture.* pp.271–313, University of Illinois Press, 1988.（上村忠男訳『サバルタンは語ることができるか』みすず書房、1998年）

(24) 谷川嘉浩『スマホ時代の哲学—失われた孤独をめぐる冒険』ディスカヴァー・トゥエンティワン、2022年

(25) Turkle, S.: *Reclaiming conversation: the power of talk in a digital age.* Penguin Press, 2016.（日暮雅通訳『一緒にいてもスマホ—SNSとFTF』青土社、2017年）

(26) Turner, V.W.: *The ritual process: structure and anti-structure.* Aldine, 1969.（冨倉光雄訳『儀礼の過程』ちくま学芸文庫、2020年）

(27) Turner, V.W.: Liminal to liminoid, in play, flow, and ritual: an essay in comparative symbology. In: *From ritual to theatre: the human seriousness of play.* pp.20–60, Performing Arts Journal Publications, 1974.

(28) 内堀基光、山下晋司『死の人類学』講談社学術文庫、2006年

(29) Walter, T.: *The Revival of Death.* Routledge, 1994.

(30) Walter, T.: *What death means now: thinking critically about dying and grieving.* Polity Press, 2017.（堀江宗正訳『いま死の意味とは』岩波書店、2020年）

(31) Walter, T.: *Death in the modern world.* Sage, 2020.

(32) 山口昌男『知の遠近法』岩波現代文庫、2004年

おわりに
——死と生と不条理

祖父江典人

　筆者は、序論において、現代の欺瞞的で薄っぺらな世相について、いささか嘆いて見せた。見せた振りしかできないのは、私自身も、漏れなくそうした世相の一員であるからだ。何も他人事ではないのである。

　だが、今出揃った原稿に目を通し、私に去来した思いは、薄っぺらさとは対極の、死の持つ圧倒的な力であった。死の前に、現代の世相の薄っぺらさは吹き飛んだ思いがしたのだ。薄っぺらな時代でも、死は圧倒的で無慈悲な力を私たちの上に振り下ろす。その力を何と形容したらよいのだろうか。

＊

　論者のなかで、その力の無慈悲さを生々しく描いているのが、まずは身体科領域において、日常的に死の臨床に携わっている心理士たちの論考である。

　近藤麻衣は、「私の日常は、常に人の死が付きまとう」の副題にまさに示されているように、死と隣接した日々の業務のなかで、時に目の前の光景が歪み、身体の震えに襲われる。死の現実は、容赦なく近藤の身体を襲うが、それでも近藤は人の死を日常のこととして何とか受け止めようとしている。近藤の論考は、彼女の年齢を経るなかでの、その覚悟の航跡となっている。

　同じく身体科心理士の岸辰一は、移植医療の現場のなかで、移植したにもかかわらず再発した患者との濃密なかかわりを描く。「元気になったら屋台でラーメン屋をやることにしたんだ」の患者の言葉に、岸は「いつか食べら

れることを楽しみにしています」の空手形の約束を精一杯の気持ちで結ぶ。忍び寄る死の影を背景にしたふたりの姿は、とても哀しい。

福嶋梓は、自らを情の深い気質ではないとし、いささか自虐的ユーモアなのだろうが、「薄っぺら心理士」を自認している。そんな福嶋も、大学病院の産科における流死産を繰り返し経験している母親に介入するなかで、突如襲う身体の汗、さらには身体中の痛みに襲われるようになる。死の衝撃は、福嶋の身体の内部から死の苦痛を掘り起こしてきたのだ。

＊

今回の執筆陣のなかで、もっとも死に隣接した日常を過ごしている上記3人の論考は、世相を嘆く私の薄っぺらさをも吹き飛ばしてくれたように感じた。死の持つ圧倒的な力の前に、薄っぺらさは見る影もなくなる。

先の問いに戻ろう。

死の持つこうした力を何と形容したらよいのだろうか。死は、有無を言わさず私たちの生への執着を蹂躙する。私たちは生から暴力的に引き剝がされ、死の淵に追いやられる。そこに情けも容赦も無論ない。不条理なのである。

不条理思想の旗頭であるアルベール・カミュ[1]は、「不条理、それは神のない罪だ」といった。西欧社会において神が死んで以来、一方では人間の理性を超えたこの世界があり、もう一方では明晰さを求めようとする人間の本性がある。人はその狭間で「異邦人」になるほかない、というのである。

翻って、日本社会においてはどうなのだろう。ここで私は、小林秀雄が民俗学者の柳田国男の『山の人生[3]』を題材にとった論考[2]を想い出さずにはいられない。柳田の話とは、「山に埋もれたる人生あること」に出てくる、西美濃の山のなかで炭を焼く50歳ばかりの男の実話だ。男はわが子2人の喉を鉞で叩き切ったのである。その事情は、こうである。

男の炭はなんとしても売れず、里へ降りても一合の米も手に入らなかった。最後の日にも、空手で戻ってきたので、腹を空かせて待っているわが子の顔を見るに堪えがたく、さっと小屋の奥に入って昼寝をしてしまった。目が覚

めてみると、小屋には一杯夕日が差しており、ふたりの子どもはその日当たりのところにしゃがんで、しきりに何かしていた。傍へ行ってみたところ、仕事で使う大きな斧を磨いていた。「おとう、これでわしたちを殺してくれ」。ふたりは材木を枕にして、仰向けに寝たとのことである。それを見たとたん、男はくらくらとして、前後の見境もなく、２人の首を打ち落としてしまった、というのである。

　柳田の筆致は乾いており、そこに同情や憤りなどの、通り一遍の情緒は寄せつけていない。ただ、そうした事実を淡々と描いているのだ。

　小林は、この逸話から、子どもたちの振る舞いをこう解説している。「炭焼きの子供等の行為は、確信に満ちた、断乎たるものであって、（中略）子供等は、みんなと一緒に生活して行く為には、先ず俺達が死ぬのが自然であろうと思っている」。

　そのうえで、小林は、山びとたちがあるがままの自然に抱かれ、山の霊、山の神の姿を目の当たりにして暮らしてきた生き方を現代人のそれと対比している。今でいえば、単なる児童虐待殺人で片づけられる話かもしれないが、自然の懐に抱かれたなかでの生きることの摂理と自然との紐帯を小林は説いているのである。

　だが、現代では、もはや自然の懐もお天道様の居場所も失われた。現代人とそれらとの紐帯は、斧で断ち切られたのだ。日本においても、西洋とは違ったかたちで神は死んだ。

　それゆえ死は、神を持たない丸腰の私たちの前に、不条理な姿で容赦なく立ち現れる。私たちは、何を縁に死ねばよいのだろうか。もう一度、各執筆者の論考に立ち返ってみよう。

＊

　村上靖彦の現象学の論考は、複層的な死と生の綾なす織物を紡いでいる。村上は現象学的な見地から、生と死との紐帯を取り結ぼうとしている。「死によって触発されるとは、死者がどのように私のなかで生きているのかとい

おわりに　217

う問いでもある」。「誰でもそれぞれの仕方で、他者の死を組み込みながら
〈生き方の型〉を形作る」。村上がいうには、死者の死は生者のなかに組み込
まれ、生者の生き方を形作っていく。死は、そこで終わらない。死者は歴史
のなかで生きるのだ。これは、ハイデガーの存在論にまっすぐにつながって
いる。村上は、看護師へのインタビューを通して、その実際を明らかにして
いる。

　死者と生者のこの実存的なつながりを見出す試みは、清水亜紀子もユンギ
アンの立場から論じている。白血病で亡くなった患者の死を通して、しかも、
清水自身の夢を通して、患者との実存的つながりやそのつながりの継承性を
論じている。

　木村宏之は、精神科医として自殺患者を否応なく体験せざるを得ない臨床
の淵に立つ。その因果さのなかで、自らの見解を率直に語っている。木村は、
アメリカのある精神科医の言を引きながら、自殺自体は、宿命的に避けられ
ない職業であるかもしれない。だが、自殺の危険が高いからといって、すぐ
に入院させて安堵するのではなくて、患者の最後の言葉を受け止める覚悟を
持った医師でありたい、と。木村の覚悟は、尊い。

　上記三者の論考は、形こそ違いはあれど、生と死、あるいは生者と死者と
の間を実存的レベルで架橋しようとしている。不条理な死の不条理性を昇華
しようとしているのである。

　細澤仁の論考は異色である。生と死を架橋しようとする意図はそこには見
えない。細澤の力作は、フロイトの『快感原則の彼岸』を精密に読み解き、
フロイトの死の本能論は思弁でしかないが、そもそも精神分析理論自体が科
学でも学問でもない、思弁に過ぎないと断じる。だが、細澤は、その思弁に
こそ、フロイトの死生観が色濃く反映されているとする。すなわち、無機物
への退行的な力やショーペンハウアーのいう「原状回復」との重なりなどを
読み取ることができるというのだ。細澤は、結論めいたことには言及せず、
死について考え巡らすこと自体、すなわち思弁自体のパーソナルな意味を問
い詰めようとしているようだ。これも、角度を変えれば、死の乗り越えの1
つのかたちかもしれない。

＊

　一方、社会的側面や制度的側面から、生と死との間を架橋しようとする論考も持たれた。

　江里口拓は、経済学者の観点から、人生晩年に金だけ摑んで死んでいくような、今日の経済原則（効率化）優先の介護ケアの貧しさに対して嘆息している。高齢者は金だけ握りしめて、孤独のなかで死んでいくという、死の貧しさに塗れているのである。介護や援助の仕事は、単に身体の世話や介助に留まるものではない。その余剰機能としての「コミュニティ・マージン」が本来重用されてしかるべきなのだと訴える。それが削られていったのが、日本経済の「失われた20年」である、と。

　松宮朝の社会学的論考は、江里口の問題意識の延長線上にあり、その具体的施策にまで踏み込んだものである。孤独死においては、生前からの孤独・孤立の問題がそもそも背景としてある。高齢者は、家族、労働市場とのつながりを失うと一気にサポート資源を失うのだ。だが、孤立を避けるために政策的にも唱えられているのが、結局は地域コミュニティの強化である。松宮は、それが、時に地域への無理強いの参加になりかねないと危惧する。その代替案として、松宮は、地縁関係に限定されないネットワークの構築を進め、選択可能な社会資源のオプションを増やそうとしている。松宮のこうした孤独死対策は、江里口のいう「豊かな死」を迎えるための実践的な取り組みであろう。

　筒井亮太は、人類学的視点から、死の異化や否認等の「死の記号化」された社会の問題を捉えながらも、その裏腹にデジタル化された社会の可能性に含みを持たせている。すなわち、SNSに代表されているように、死のパーソナル性は、もはやデジタル化されている。だが、それは、デジタル空間ならではの、死者に対するメッセージの共有を可能にもし、新しいスピリチュアリティの萌芽の可能性も含むのではないかと、慎重に言葉を選んで論考している。

おわりに　219

＊

　しかし、何も死の不条理さに襲われるのは、死にゆく人ばかりではない。死の旅路に付き添う支援者も、その衝撃波をおおいに食らうのだ。その事実は、見逃されてはならない。

　浜内彩乃の福祉現場の論考は、死の衝撃に見舞われる支援者への支援自体をテーマとして取り上げている。高齢者や障害者入所施設では、支援者は入居者の死に不意に出くわす。その衝撃は、突然なあまりにジュディス・ハーマンのいう心的外傷後ストレス障害に匹敵するものなのだ。浜内は、福祉分野ではとかく立ち遅れがちの、支援者が孤立しないための、チームケアのシステムづくりの急務さを説く。

　堀川聡司は、身内を自殺によって失った自死遺族の支援に関して論じている。堀川は、残された夫のあまりの悲劇性に、彼自身、涙が溢れ出るのを抑えられない。ここには、死に接した遺族の支援であっても、支援にあたる当の支援者自身にまで、「二人称の死」として、死の衝撃が如実に襲う生々しさが描かれている。

　先の身体科心理士の場合も同様だが、死に直面する支援者への支援のテーマは、今後ますます検討される必要があるのだろう。

＊

　これまで死の衝撃や不条理さ、それを踏まえたうえでの生と死との架橋の可能性、さらには支援者への支援のテーマ等を臨床的・社会的・制度的側面から見てきた。が、見逃してならないのは、不条理さは死の側にあるとは限らない、ということである。むしろ、生こそが不条理な次元もあるのだ。

　日野映のクィア論考は、そのことを端的に示している。日野は、ジェンダーやセクシュアリティの面で社会的に周縁化された者の自死リスクは高いという。その背景には、「生きられない性／生を生きる」という「二重の生の否定」が存し、「存在論的安定性へのニーズ」が危機の存亡に瀕するからだ

という。日野は、そこからの再生プロセスを事例に基づいて論じているが、社会的マイノリティの抱える生きがたさをよく伝えている。

志水佑后も、学校における自死案件の対応を取り上げているが、残された生徒たちの語る言葉が衝撃的だ。「ヒーローみたい。自分にはあと一歩の勇気が持てない。ただただ羨ましいし、死ねてよかったなと思う。きっと楽になれたんだろうなって」。自死した生徒は、生きることの生きがたさ／不条理さから逃れることのできた、憧れられさえするヒーローでもあるのだ。

今日、死の不条理さもさることながら、生自体の不条理さに見舞われている社会的マイノリティや若者たち、さらには自殺率の高い高齢者や障害者たちの存在は見逃されてはならないだろう。

＊

いつの間にか、死の不条理から生の不条理へと話が流れていった。不条理の横顔には、生も死もあるということなのだろう。

月並みだが、私たちが個性化の道を突き進み、その反面で個を超えるものとのつながりを失って以来、生や死を支える器の底が抜けたのかもしれない。どちらの極に寄ったとしても、死にがたさ、生きがたさの増した世の中に私たちは直面しているのだろう。

本書は、死の衝撃や生の生きがたさに見舞われながらも、その両者を架橋したり、死の乗り越えの可能性を追い求めたりしたものである。その成否に関しては、読者諸氏のご批判を仰ぎたいと思う。

最後になりましたが、本書が陽の目を見たのは、日本評論社の若き編集者谷内壱勢氏の尽力があったからこそである。こころより感謝申し上げます。

参考文献
（1）カミュ（清水徹訳）『シーシュポスの神話』新潮文庫、2006年
（2）小林秀雄「信ずることと知ること」『小林秀雄全作品26』新潮社、2004年
（3）柳田国男『遠野物語・山の人生』岩波文庫、2019年

執筆者一覧

近藤麻衣（こんどう・まい）
三重大学医学部附属病院総合サポートセンター

岸　辰一（きし・しんいち）
名古屋大学医学部附属病院医療技術部特殊技術部門

福嶋　梓（ふくしま・あずさ）
名古屋大学医学部附属病院医療技術部特殊技術部門

木村宏之（きむら・ひろゆき）
名古屋大学大学院医学系研究科精神医学分野准教授

堀川聡司（ほりかわ・さとし）
番町カウンセリングオフィス、駒澤大学コミュニティ・ケアセンター

志水佑后（しみず・ゆみ）
大阪市スクールカウンセラー、大阪さくらメンタルクリニック、大阪大学医学部附属病院
胎児診断医療センター、大阪大学大学院人間科学研究科人間科学専攻

日野　映（ひの・はゆる）
仙台市スクールカウンセラー、尚絅学院大学臨床心理相談室、社会福祉法人幸生会顧問心
理士、宮城学院女子大学非常勤講師

浜内彩乃（はまうち・あやの）
大阪・京都こころの発達研究所 葉、京都光華女子大学看護福祉リハビリテーション学部
福祉リハビリテーション学科社会福祉専攻

村上靖彦（むらかみ・やすひこ）
大阪大学人間科学研究科教授、感染症総合教育研究拠点 CiDER 兼任教員

清水亜紀子（しみず・あきこ）
京都文教大学臨床心理学部臨床心理学科准教授、五条大宮カウンセリングオフィス

細澤　仁（ほそざわ・じん）
フェルマータ・メンタルクリニック院長

江里口拓（えりぐち・たく）
西南学院大学経済学部経済学科教授

松宮　朝（まつみや・あした）
愛知県立大学教育福祉学部社会福祉学科教授

筒井亮太（つつい・りょうた）
たちメンタルクリニック、上本町心理臨床オフィス

編者紹介

祖父江典人（そぶえ・のりひと）
名古屋心理療法オフィス主宰。臨床心理士、公認心理師。博士（心理学）。日本精神分析学会スーパーバイザー。

東京都立大学人文学部卒業、名古屋大学医学部精神医学教室心理研修生修了、国立療養所（現国立病院機構）東尾張病院、厚生連安城更生病院、愛知県立大学教育福祉学部教授、愛知教育大学教育学研究科教授を経て、2021年よりオフィスを開業、現在に至る。

主な著書に『対象関係論の実践―心理療法に開かれた地平』（新曜社、2008年）、『対象関係論に学ぶ心理療法入門―こころを使った日常臨床のために』（誠信書房、2015年）、『日常臨床に活かす精神分析―現場に生きる臨床家のために』（共編、誠信書房、2017年）、『文化・芸術の精神分析』（共編、遠見書房、2021年）、『レクチュアこころを使う―日常臨床のための逆転移入門』（木立の文庫、2022年）、『寄り添うことのむずかしさ―こころの援助と「共感」の壁』（編集、木立の文庫、2023年）ほか多数。

死と向き合う心理臨床

2024 年 11 月 20 日　第 1 版第 1 刷発行

編者　祖父江典人
発行所　株式会社日本評論社
〒 170-8474　東京都豊島区南大塚 3-12-4
電話 03-3987-8621（販売）　-8598（編集）
印刷所　港北メディアサービス株式会社
製本所　井上製本所
装幀　北岡誠吾
検印省略　Ⓒ N. Sobue 2024
ISBN 978-4-535-56433-6　Printed in Japan

JCOPY 〈（社）出版者著作権管理機構 委託出版物〉
本書の無断複写は著作権法上での例外を除き禁じられています。複写される場合は、そのつど事前に、
（社）出版者著作権管理機構（電話 03-5244-5088、FAX 03-5244-5089、e-mail:info@jcopy.or.jp）の許諾を得てください。
また、本書を代行業者等の第三者に依頼してスキャニング等の行為によりデジタル化することは、
個人の家庭内の利用であっても、一切認められておりません。